Am guten Alten in Treuen halten,
Am kräftigen Neuen sich stärken und freuen,
Wird niemand gereuen

(Emanuel Geibel)

Wo die einst üppig bewaldete, aber seit der Zeit Jeromes, jenes verschwenderischen Königs von Westfalen, abgeholzte und erst neuerdings an vielen Stellen wieder aufgeforstete Weper*) — ein aus Muschelkalk bestehendes Vorgebirge vom Solling — im Norden endet, liegt das Dorf Fredelsloh mit seinem alten Klostergut.

I. Die Erklärung des Namens.

Fredelsloh, zum Kreise Northeim gehörig und von dieser Stadt 16 km, von Moringen 7 km weit entfernt, hatte bei der letzten Volkszählung im Jahre 1895 1006 fast durchweg lutherische Einwohner. Früher hieß das Dorf Fridaßle, Fridessele, Vredessele, auch Fredelsheim. Diese Namen sollen wohl andeuten, daß nach langjährigen Fehden in der Grafschaft Dassel der Friede wieder eingezogen, heimgekehrt sei. Wegen des letzteren Namens ist das Dorf nicht mit demjenigen zu verwechseln, das früher nicht weit von Dransfeld lag und im 12. Jahrhundert im Kriege mit dem Raugrafen Adolf von Dassel verwüstet wurde. Im Laufe der Jahrhunderte ist die Umänderung des Namens in Fredelsloh erfolgt. Die Endsilbe „loh" birgt eine doppelte Bedeutung in sich: einmal bezeichnet das Wort „Loh" ein junges Gehege, einen in gutem Wachstum stehenden Wald und ist ein Ausdruck, der noch heute in der Forstwirtschaft gebraucht wird und zum andern kann es von „Loch" hergeleitet sein, was der Lage nach ebensogut wie die erste Annahme stimmt, da

---

*) Weper soll „verwaistes" Gebirge bedeuten; der höchste Punkt, Balos genannt, ist 379 m hoch und liegt dem Dorfe Üssinghausen gegenüber.

der Ort von der oben genannten Weper und den im Hintergrunde zu imponierenden Waldwänden sich auftürmenden
Sollingsbergen eingeschlossen ist, also gleichsam in einem Thale
oder Loche liegt.

II. Die Geschichte des Dasseler Grafengeschlechts.

Fredelsloh's Geschichte ist in Dunkel gehüllt, das nur
durch einige Anhaltspunkte erhellt wird. Um die geschichtliche
Entwickelung des Klosters und Dorfes besser verfolgen zu
können, müssen wir auf die Geschichte des Dasseler Grafengeschlechts zurückblicken

Schon zur Zeit Karls des Franken waren unter den vornehmsten sächsischen Herren an der Weser die Raugrafen von
Daffel die angesehensten. Sie gehörten zu den Dynasten und
denjenigen zwölf alten sächsischen Grafenfamilien, aus welchen
unsere Voreltern ihre Herzöge wählten. Dem Range nach
waren sie die zweite Familie.

Als Stammvater nennt man gewöhnlich Walther, Graf
von Daßle und Herr zu Newenober (Nienover), der ums Jahr
700 gelebt haben soll. Im Laufe der folgenden vier Jahrhunderte erscheinen bis zum Jahre 1113 noch mehrere Herren
von Daffel, wie z. B. Adolf, Johann, Anno und Dietrich von
Daffel, die aber die Geschichte noch nicht näher kennt. Was
eben den Ursprung dieses Geschlechts anbetrifft, so haben die
Chronisten sich meistens historischen Träumereien hingegeben.
Die Anfänge des Geschlechts verlieren sich zwischen Sage und
Überlieferung; volle historische Gewißheit herrscht auch heute
über diesen Punkt noch nicht.

Die Geschichte gewinnt mehr an Wahrscheinlichkeit, wenn
man Siegfried von Nordheim († 1025) als Stammvater
dieses Grafengeschlechts ansieht. Er hatte vier Söhne. Einer
von diesen war Benno oder Bernhard, Graf von Nordheim
und im hessischen Sachsen. Benno war mit Elika vermählt
und hinterließ bei seinem Tode einen Sohn, Otto, den Grafen
von Nordheim und nachmaligen Herzog von Bayern. Graf
Otto von Nordheim war als ein weiser, mächtiger und tapferer
Fürst seiner Zeit berühmt. Heinrichs IV. Mutter, Agnes,
zog ihn während der Vormundschaft für ihren Sohn als einen
der angesehensten Männer aus Staatsklugheit an den kaiserlichen Hof, um ihrem Sohne eine kräftige Stütze an ihm zu
verschaffen. Ihn ihrem Hause noch geneigter zu machen,

Geschichte
Südhannoverscher Burgen und Klöster.

X.

Fredelsloh.

Geschichte des Dorfes und Klosters

von

Karl Scheibe=Moringen.

Leipzig.

Verlag von Bernhard Franke.

(1899)

Inhalts-Verzeichnis.

Litteratur-Nachweis.

1. Letzner, Dassel-Einbecksche Chronik Erfurt 1596
2. Merian's Topographia des Herzogt Braunschweig-Lüneburg Frankfurt 1654
3. **Dr. Hüne,** Geschichte des Königreichs Hannover. Hannover 1830
4. **W Havemann,** Geschichte d Lande Braunschw u Lünebg 1853
5. **W Mithoff,** Kunstdenkmale und Altertümer der Fürstentümer Göttingen und Grubenhagen Hannover 1873
6. Görges, Vaterländische Geschichten und Denkwürdigkeiten.
7. G Max, Geschichte des Fürstentums Grubenhagen. Hannover 1863
8. K. Dorenwell, Niedersächsische Volksbücher Hannover 1886
9. Joh. Meyer, Die Provinz Hannover
10. **Antiquitates Moringenses** von P. G. 1739.
11. Joh Gabriel Domeyer, Geschichte der Stadt Moringen Hannover 1786.
12 Koken, Geschichte der Grafschaft Dassel
13. v. Cappeln, Geschichte Dassels
14 Zeitschrift des histor Vereins f. Nieders Jahrg. 1840.
15. W. Havemann, Das Kurfürstentum Hannover Jena 1867.
16. W. Bartholomäus, Die Provinz Hannover
17 Schambach u. Müller, Niedersachsische Sagen und Märchen. Göttingen 1855
18 Dr. H Weichelt. Hannov. Geschichten und Sagen Norden
19 Hannoversches Magazin
20. Kirchenbücher, Schulchronik und Ortslade.

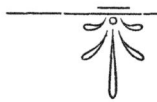

sorgte sie dafür, daß er 1061 mit einem Teile Bayerns als
Herzog beliehen wurde, wodurch Ansehen und Macht bedeutend
wuchsen. Otto von Nordheim stand anfänglich in hoher Gunst
bei dem jungen Kaiser, der ihn als einen tapferen und kriegs-
erfahrenen Helden ungemein schätzte. Das mußte Otto natürlich
Neider erwecken. Am meisten von allen stand er dem Bischof
Adalbert von Bremen im Wege, der daher alles versuchte, ihn
aus der Gunst des jungen Herrschers zu verdrängen, damit
er sein Spiel allein mit demselben treiben könne. Es gelang
ihm nur zu gut und zu bald, Otto in den Verdacht zu bringen,
als ob er dem König nach dem Reiche und dem Leben trachte.
Ein von Adalbert gedungener Mann — Namens Egon —
kam eines Tages nach Goslar und sagte, Otto habe ihm ein
Schwert und die Weisung gegeben, den Kaiser zu erstechen.
Er fügte noch hinzu, er wolle die Wahrheit seiner Aussage
durch ein Gottesurteil im Zweikampfe beweisen. Der leicht-
gläubige Heinrich verdammte den Herzog Otto auf die bloße
Aussage hin, entsetzte ihn 1070 seines seit neun Jahren be-
sessenen Herzogtums Bayern und ließ seine Erblande an-
greifen und ausplündern, weil er nicht erschienen war, um sich
durch einen Zweikampf mit seinem Verleumder von der falschen
Anklage zu reinigen. Otto wehrte sich notgedrungen und ver-
fuhr ebenfalls rücksichtslos mit den kaiserlichen Gütern. Das
war der Anfang zu einem Kriege, der Sachsen und Thüringen
fast 15 Jahre nutzlos verwüstete und in dem bald Heinrich,
bald Otto siegte. Otto war vermählt mit Richenza, der Witwe
des verstorbenen Grafen Hermann von Werla (bei Schladen).
Otto starb im Jahre 1083 an den Folgen eines Sturzes mit
dem Pferde und hinterließ von drei Söhnen sein Reich
Heinrich dem Dicken, der an trefflichen Eigenschaften seinem
Vater nichts nachgab.

Dessen Tochter, ebenfalls Richsa oder Richenza geheißen,
heiratete ums Jahr 1103 den Grafen Lothar von Supp-
lingenburg. Die Hochzeit fand in Nordheim statt. Die Verbindung Lothars mit Richenza, der einzigen Tochter Heinrichs
des Dicken von Nordheim und Gertruds von Braunschweig,
setzte ihn in Besitz sämtlicher nordheimschen nnd braun-
schweigischen Lande. Es fehlten ihm nur noch die billung-
schen oder lüneburgischen Besitzungen, um seinem Lande wieder
den Umfang zu geben, den es einst unter Heinrich I. und
Otto I. gehabt hatte. Seine Besitzungen machten ihn zu einem

der angesehensten und mächtigsten Fürsten in Deutschland. Als die fränkischen Kaiser 1125 ausstarben, wurde Lothar zum Kaiser gewählt. Er starb am 4. Dezbr 1137 mit dem Ruhme, ein gerechter und tapferer Fürst gewesen zu sein. „Nicht nur in Sachsen, sondern im ganzen weiten Reiche herrschten unter ihm Ruhe und Frieden. Überfluß an den zum Leben notwendigen Dingen war vorhanden; zwischen Kirche und Reich bestand ein gutes Einvernehmen." In Königslutter bei Braunschweig wurde ihm seine stille Ruhestätte bereitet. 1141 wurde auch seine Gemahlin Richenza daselbst beigesetzt. Die sämtlichen Güter erbte sein Schwiegersohn, Herzog Heinrich der Stolze.

In der ersten Hälfte des 12. Jahrhunderts treten als Brüder Siegfried IV. von Bomeneburg († 1144) und Graf Reinold von Dassel (1113 bis 1129) auf. Erst dieser kann mit einigermaßen geschichtlicher Sicherheit als der Stammvater des nachmaligen Dasseler Grafengeschlechts angesehen werden, da sich von ihm an die besondere gräfliche Linie Derer von Dassel (als Seitenlinie des Grafenhauses Nordheim-Bomeneburg) erst direkt verfolgen läßt. Reinold war Vogt und advocatus ecclesiae von Corvey, der ältesten und vornehmsten Pflanzstätte christlicher Kultur in dieser Gegend.

Um 1115 lernen wir zwei Söhne dieses Stammvaters kennen: Ludolf I. von Dassel und Reinold von Dassel. Reinold gehörte dem geistlichen Stande an: er war Domherr zu Hildesheim, Propst des Kollegiatsstiftes zu St. Moritz daselbst, Propst auf dem Petersberge zu Goslar und später Dompropst von Hildesheim. Als solcher hat er das Johannishospital an der Dammthorbrücke erbaut. Er diente zwei deutschen Kaisern, Konrad III. und Friedrich Rotbart als Kanzler und starb 1181 als Erzbischof von Köln. Er war ein treuer, gewissenhafter und charakterfester Mann, der sowohl auf kirchlichem, wie auf politischem Gebiete einen weitfliegenden Blick bekundete. „Hinter einer mächtigen Stirn saßen Verstand und starker Wille. Eine furchtlose Entschlossenheit bekundete das Gesicht mit dem vorspringenden Kinn und der leichtgebogenen Nase, aber die Härte des Gesichts wurde gemildert durch die freundlichen blauen Augen, durch die feingeschnittenen Lippen, um welche ein Zug von Wohlwollen lag." Interessant hat ihn Karl Bömers in seinem historischen Roman „Gepa" geschildert.

Ludolf I. von Dassel, der Bruder des großen Kanzlers, setzte das Geschlecht fort. Er hinterließ zwei Söhne: Ludolf II. (1180—1212) und Adolf I., den Kühnen (regierte von 1180—1201).

Zu dieser Zeit versuchte es Heinrich der Löwe, Holstein und Lübeck wiederzugewinnen. Gut ausgerüstet drang er in Holstein ein, wo Graf Adolf I. von Dassel in Abwesenheit seines Vetters Adolf von Holstein Statthalter war. Graf Adolf I. von Dassel mußte das Land preisgeben und sich vor dem Löwen nach Lübeck flüchten. Heinrich der Löwe zog zerstörend seine Pfade. In der Schlacht bei Segeberg an der Trave (1190), unweit Lübeck, besiegte aber Adolf I. von Dassel den Löwen, wodurch der Welf zum Frieden gezwungen wurde. Still verbrachte der einst so mächtige Löwe die letzten Jahre seines Lebens zu Braunschweig, wo er am 6. August 1195 starb. Im Dom daselbst liegt er begraben. Als alles nach der Beute Heinrichs des Löwen griff, da rissen die Grafen von Dassel Einbeck an sich und behielten es bis auf Albrechts des Großen Zeiten. Die späteren Grafen Ludolf III. und Adolf III. von Dassel aber mußten im Jahre 1274 allen Ansprüchen auf die Stadt entsagen, die dann von Albrecht unter die braunschweigische Landeshoheit genommen ward.

Ludolf II., der Bruder des tapfern Kriegsmannes Adolf I, erscheint 1190 als Vogt des Klosters Hilwartshausen.

Von seinen drei Söhnen hat für uns nur Adolf II († 1244) Bedeutung, da er der Erbe seines Hauses ist. Er nennt sich in Urkunden bald Graf von Dassel, bald von Nienover. Unter ihm beginnen Veräußerungen von Familienbesitzungen. Allmählich geht es mit dem Geschlechte bergab.

Seine regierenden Söhne Adolf III. († 1274) und Ludolf III. (1244—1292) teilten ihr Besitztum vielfach und veräußerten es stückweise: 1268 Nienover mit der Hälfte des Sollings an das Haus Braunschweig; 1273 Schloß Schonenberg mit 30 Dörfern und der gräflichen Gerechtsame, allen freien und lehnbaren Gütern, Jagden und Fischereien, mit den Vogteien über die Güter der Klöster Lippoldsberg und Hilwartshausen der mainzischen Kirche; 1279 Schartenberg, dann Lauenförde, Fürstenberg und Lauenberg. Kurz vor seinem Tode verkaufte Ludolf III. seine noch übrig gebliebenen hessischen Güter, nicht, wie vielfach angenommen wird, aus Not, sondern um sie nicht wegen Mangel eines männlichen

Erbens an die Dasseler Grafenseite fallen zu lassen, dahingegen seiner einzigen Tochter, Trautchen oder Drudeke — die Ludwig von Eberstein heiratete — einen reichen und sichern Brautschatz in rotem Golde zu hinterlassen.

Graf Adolf III. hinterließ einen Sohn Adolf IV. und dieser als Sohn und Erben, Graf Simon.

Dieser Simon verkaufte die letzten Stücke der Grafschaft, nämlich das Weichbild Dassel, das Haus Hunnesrück und 5 Dörfer für 1900 Mk. an den Bischof von Hildesheim. Die Verkaufsurkunde des Grafen Simon ist ausgestellt im 1310. Jahre „des Sundages, wanne man legget Alleluja", d. h. Septuagesimä, weil von da an bis Ostern der Gesang des Halleluja eingestellt wurde. So trat der Graf aus der Reihe der Reichsunmittelbaren unter die Vasallen des Hildesheimer Bischofs. Nach Letzners Chronik soll mit diesem Grafen Simon das gräfliche Haus im Jahre 1326 ausgestorben sein. Nach andern Mitteilungen hielt sich das Geschlecht sogar noch drei Jahre länger und ging dann mit einem armen Grafen Dietrich zu Grunde.

So verschwand die Grafschaft Dassel und was vorher mit diesem Namen bezeichnet war, hieß erst das „Haus Hunnesrück" und nachher „Amt Hunnesrück."

Zum Besitze der Grafschaft Dassel gehörte außer der Stadt Dassel fast der gesamte „pagus Suilbergi", Sülberggau, .. nach einem bei Strodthagen gelegenen Hügel so benannt .. namentlich das spätere Amt Hunnesrück, auch die Ämter Nienover und Lauenförde, die alte Lauenburg (jetzt Erichsburg), die Klöster Fredelsheim (Fredelsloh) und Hilwartshausen. Als Lehen gehörte den Grafen von Dassel der Solling, dazu die Hälfte des Schlosses Homburg bei Stadtoldendorf. Auch Hörter, Bodenfelde, die Stadt Einbeck mit der Comecie Billingenstadt oder Billingehsen haben zur Herrschaft der Dasseler Grafen gehört. Das adelige Haus war sogar in Hessen begütert. Es gehörten den Herren dort die Schlösser Schonenberg und Schartenberg mit der gräflichen Gerichtsbarkeit (die jetzigen Ämter Zierenberg und Grebenstein); sie hatten die Vogtei über das Kloster und Dorf Lippoldsberg und die Gerechtsame (comecia et jurisdictio) über 30 Dörfer (das jetzige hessische Amt Hofgeismar); auch besaßen die Grafen eine kurze Zeit die Vogtei über das Kloster Nordheim.

Dieses stattliche Besitztum und die Machtbefugnisse in demselben reichten für die Grafen hin, um sich in der damaligen Adelswelt hohes Ansehen zu verschaffen. Da die Ritter gepanzert und mit verdecktem Gesichte einherschritten, konnte man sie nur schwer erkennen. Um sich . . namentlich den Ihrigen . . aber erkennbar zu machen, wählten sie sich ein besonderes Kennzeichen (Wappen), welches sie an ihren Schilden, auch wohl auf dem Helm, dem Banner und über dem Burgthore anbrachten. Das Wappen des mächtigen Grafengeschlechts von Dassel war weit und breit bekannt, und der Träger desselben wurde von jedem mit tiefster Ehrerbietung begrüßt. Letzner beschreibt das Wappen des Dassel'schen Hauses also:

> Ein blawes Schildt, ein Hirschgeweidt
> In weiß gestalt, zwölf Bäll' bereidt
> Die Blawe farb gros Herrlichkeit,
> Das Weiß dabey Aufrichtigkeit,
> Dazu ein ganzes Hirschgeweidt
> Ihr sterck und Manheit das bedeut,
> Die Bäll, daß sich ihr Sterck ausbreit
> An manchem Ohrt, in lieb und leidt
> Fürs Vaterlandt gefocht' sie han
> Mit fleiß und Ernst ohn abelan.

Das Wappen findet sich noch im Siegel der Stadt Dassel, und von 1743 bis 1808 untersiegelte auch das Amt Hunnesrück mit dem alten Dassel'schen Schilde seine Ausfertigungen.

III. Die Entstehungsgeschichte des Dorfes.

Wenngleich auch über dem Untergange dieses Geschlechtes schon beinahe 600 Jahre verflossen sind, so lassen sich dennoch Spuren von dem einstigen Wirken des so mächtigen und hochangesehenen Geschlechtes heute an und in vielen Orten unserer Gegend erkennen, besonders an solchen, die ihren Ursprung diesem Geschlechte verdanken. Zu diesen Ortschaften gehört auch das Dorf Fredelsloh Wir wollen hören, wie es entstand.

Wie Letzner berichtet, besaß ums Jahr 1000 ein Graf Adolf von Dassel, der den Wald und die Jagd sehr liebte, am Fuße des Hainberges bei einem „wohnsamen, schönen und lustigen Quellbrunnen in einer Gegend, die damals öde, wüste und unschlachtig und allenthalben mit Geheck und Holz umgeben" gewesen ist, ein Jagdhaus, um zur Jagdzeit während der Nacht oder Ungewitter Herberge darin nehmen zu können. Als im Jahre 1070 Graf Johann zu Dassel mit seinen

Brüdern (dem Erzbischof Anno von Köln und dem Grafen Dietrich) nach einer Jagd im Sollinger Walde in dem gräflichen Jagdhaus herbergte, erschien ihm nachts ein Gesicht, und eine klare, deutliche Stimme befahl ihm — „wollten sie sonsten der Gnaden Gottes theilhaftig werden" — neben dem Jagdhause eine Kapelle, Gott und Marien zu Ehren, zu erbauen. Der Bruder Johanns, Erzbischof Anno von Köln, erachtete das Gesicht und die daneben gethane Rede als einen ausdrücklichen Befehl Gottes. Auf sein Anraten wurde der Auftrag ausgeführt. Zur Fundation der Kapelle stiftete er mehrere Reliquien (Erinnerungszeichen von Heiligen), unter welchen „Lazari, des armen Bettlers, Hufft das fürnemeste" gewesen ist. Diese Reliquien übten bald eine große Anziehungskraft aus. Kapelle und Brunnen wurden weithin berühmt. Es entstand ein gewaltiger Zulauf von armen, lahmen und gebrechlichen Leuten und Zeichen und Wunder geschahen Der Brunnen heißt noch heutzutage der Kapellenborn, und wohl noch eben so lustig und in gleicher Fülle sprudelt das Wasser wie damals aus der nie versiegenden Quelle hervor Nicht nur das Klostergut, nach welchem eine Wasserleitung führt, sondern auch die umliegende Dorfhälfte versorgt der Brunnen mit seiner klaren Gottesgabe Das westlich von dem Kapellenbrunnen stehende Deterding'sche Haus wird noch jetzt von den Alten das „Krückenhaus" genannt.

Als Graf Johann nach langwieriger Krankheit seinen Tod herannahen fühlte, ließ er sich von seinem Bruder, dem Grafen Dietrich, in die Hand geloben, für die Kapelle von seiner Hinterlassenschaft zu sorgen, damit alle Tage Gottes- und Mariendienst darin könne geleistet und verrichtet werden, was Dietrich auch hielt.

Dadurch wurde der Zulauf von Tag zu Tage größer. Bald bildeten sich um Kapelle und Jagdhaus menschliche Ansiedelungen. Auf diese Weise entstand eine sog „turba domorum", ein „Thorpe", Dorf, welches durch den Zuzug der Bewohner aus den beiden im 12. Jahrhundert zerstörten nahen Ortschaften Bengerode und Wackenrode schnell und erheblich an Umfang zunahm. Der Name des Dorfes ist bis auf den heutigen Namen Fredelsloh mehrfachen Veränderungen unterworfen gewesen, wie schon am Eingange erwähnt ist. Wie viel von der Entstehungsgeschichte in das Gebiet der Sage gehört, vermögen wir nicht zu entscheiden.

IV. Die Entwickelungsgeschichte des Klosters.

Graf Dietrichs Nachkommen (die gräflichen Brüder Johann, Hermann, Siegfried, Otto und Friedrich, die vor 1113 lebten) beschlossen, an Stelle der Kapelle ein größeres Gotteshaus zu bauen. Infolge ihrer Fehden konnten sie ihren Plan nicht zur Ausführung bringen. Ein Neubau sollte erst unter dem späteren Grafen Adolf I. zugleich durch die Gründung des Klosters erstehen

a. Wie das Kloster ward.

Nach alten Überlieferungen liegen der Klostergründung folgende Vorkommnisse zu Grunde Die Herren von Plesse besaßen anfangs die Advokatie (Schutzvogtei) über das im 11. Jahrhundert zu Nordheim gegründete Benediktinerkloster St. Blasii zu Lehen. Ludwig von Plesse verkaufte die Hälfte davon an die Nordheimer Stiftsherren, was aber, als diese später ihre Rechte geltend machten, die Herren von Plesse bestritten Hieraus entstand 1128 zwischen ihnen ein Streit, in den sich auch Graf Adolf I. von Dassel mischte, da er mit der schönen Adelheid von Plesse verlobt war. Er unterstützte die Plesser, überfiel mit ihnen das Kloster zu Nordheim und brannte es von Grund aus weg. Hierauf verbanden sich alle Nordheimer vom Adel gegen Graf Adolf, nahmen dem Dassel'schen Hause alle Dörfer im Amte Lauenberg auf dem Sollinger Walde und die an der Leine weg und verwüsteten sie, z. B. Grimmifeld, Limbeck, Seelze, Dentenissen, Reddersen, Wadenrode, Rengerode u. s. w. Erzbischof Adalbert von Mainz that den Grafen wegen dieser Gewaltthat in den Bann. Als endlich nach vielen Verhandlungen die Fehde beigelegt war, wurde in der St. Martinikirche zu Oberdorf-Moringen der Friede geschlossen. Graf Adolf mußte auf folgende Bedingungen eingehen:
das zerstörte Kloster in Nordheim wieder herzustellen; .
ein Jungfrauenstift für 24 Personen, „Gott und Marien zu lobe, St. Augustino zu ehren", in Fredelsheim (jetzt Fredelsloh) zu erbauen; . .
auf seine Braut Adelheid von Plesse zu verzichten und sie unter der Regul Augustini zur Priorissin widmen und bestellen zu lassen.
Der Schluß des Friedensdokuments lautet wörtlich: „Dieses ist verhandelt worden in der St. Martinikirche Anno 1130

in der Woche nach Quasimodogeniti in Gegenwart des Erzbischofs zu Mainz, vieler Grafen und Herren, auch vieler Edelknaben."

Nach einigen Chroniken, z. B. nach der Northeimer Chronik von Vennigerholz, soll dieser Gewaltakt von einem Grafen von Dassel erst im Jahre 1180 verübt worden sein, da, wie sie behaupten, in der erstgenannten Zeit ein Graf Adolf von Dassel gar nicht existiert hat. Diesen Ausführungen gemäß müßte dann auch der Friedensschluß wie der Beginn des Klosterbaues ins Jahr 1180 verlegt werden. Dem widerspricht aber einmal der romanische Baustil der Klosterkirche, der 1180 nicht mehr angewandt wurde und zum andern die nachstehend aufgeführte Schenkungsurkunde vom Jahre 1137. Ich sehe auch gar nicht ein, warum man das Jahr 1128 und die Person beanstanden soll, da doch Adolf I. (der von 1180 bis 1201 regierte) immerhin schon 1130 gelebt haben kann, wenn man ihn auch wegen der zu Lebzeiten seines Vaters ihm mangelnden Herrschermacht und -würde noch nicht genannt hat. Er kann schon recht gut in dem tollkühnen Jünglingsalter gestanden haben, dem man solch eine Entführungsgeschichte, wie sie die nachfolgenden Zeilen erzählen, wohl zumutet.

Um den Kirchenbann zu lösen, pilgerte er nach Rom, kehrte aber, da er vom Papst nicht vorgelassen wurde, unverrichteter Sache zurück. Nach seiner Rückkehr begab er sich zu seinem Vetter, Adolf von Holstein, bei welchem er auch unvermählt gestorben ist, anscheinend ohne sich weiter um den Klosterbau in Fredelsloh gekümmert zu haben. Ums Jahr 1130 scheint der Klosterbau aber doch begonnen zu sein. Der Beginn des erweiterten Kirchenbaues ist unbestimmt. Die Schenkungsurkunde des Adalbert von Mainz vom Jahre 1137 weist aber schon auf die Kirche hin. Von wem das Kloster aufgeführt ist, weiß man nicht. Nach kaum 2 Jahren war es fertiggestellt. Am 13. Nov. 1132 soll Erzbischof Adalbert I. von Mainz dasselbe „solenniter" (feierlich) eingeweiht haben. Im Jahre 1135 wird Fridessele ein Mönchskloster genannt. Selbst noch im Jahre 1145 erscheint Fredelsloh nur als Mönchskloster. Das Jahr darauf geschieht in dem Schutzbriefe des Papstes Eugen III. vom 25. Mai 1146 der Mönche und Nonnen Erwähnung. Die Jungfrauen Adelheid von Plesse und Beata, Rieke und Anna von Hoppenhusen (Hoppensen) sollen zuerst den Schleier genommen haben;

die erstgenannte soll Priorissin des Klosters gewesen, aber schon einige Jahre nach ihrem Eintritt vor Gram und Kummer gestorben sein. So lautet ein Bericht. Die immergrüne Sage aber, die gewöhnlich da auftritt, wo Ungewißheit herrscht, sie hat es nicht unterlassen können, auch die schöne und anmutige Gestalt dieses Edelfräuleins mit Blumen der Erinnerung zu umranken. Sie erzählt dem obigen Berichte entgegen folgendes:

Das schöne Edelfräulein Adelheid von Plesse ging eines Tages in der Nähe ihrer väterlichen Burg im Mariaspringer Walde spazieren. Es war an einem schönen Sommertage. Die Vögel sangen, und süße Blumendüfte erfüllten die Luft. Das alles machte ihr Herz voll Freude und ließ es laut aufjubeln. Den Gesang hatten zwei Ritter von Hardenberg, die gerade vorüber kamen, gehört und erkannten das schöne Burgfräulein daran. Sie stürzten auf sie zu und entführten sie nach der Burg Hardenberg. Als die Eltern den Verlust merkten, wurden sie sehr betrübt. Sie suchten das geraubte Kleinod lange Zeit vergeblich, bis eines Tages auf dem Burgthor ein Vöglein gar traurig sang:

Edles Burgfräulein Adelheid
Sitzt und weint von hier nicht weit,
Auf dem Hardenstein, Beuernstein
Schlossen sie schön Adelheid ein.
O weh, o weh, ade!

Da sandte der Herr von Plesse einen Herold nach dem Hardenberge und forderte die Geraubte unter Drohungen zurück. Aber die Hardenberger spotteten derselben und warfen den Herold ins Verließ. Nun schwuren die Plesser den Hardenbergern fürchterliche Rache. Es entspannen sich Reibereien und blutige Fehden, bei welchen ein Hardenberger gefangen genommen wurde. Man befestigte ihn, das Angesicht dem Hardenberge zuwendend, mit eisernen Klammern oben an dem Wartturm der Plesse und ließ ihn elendiglich verhungern. Die schöne Adelheid aber hatten die Hardenberger in das Blasiuskloster zu Nordheim gesteckt, aus welchem sie ein Raugraf von Dassel, Namens Adolf, der die Jungfrau liebte, mit Gewalt der Waffen befreite. Er nahm die Holde, welche unter dem Waffengeklirr ohnmächtig geworden war, vor sich aufs Pferd und jagte mit ihr in gestrecktem Galopp nach Fredelsloh. Hier wollte er die Ohnmächtige aus dem Taumel erwecken und ihr einen herzlichen Kuß aufdrücken, aber sein Mund berührte — totenstarre Lippen Sie war unterwegs aus dem Leben geschieden. Über Grab und Inschrift vergl. Seite 22.

Noch im Jahre 1331 werden neben den geistlichen Schwestern die „confratres" (Mitbrüder) — unter anderen die Mönche Johannes Kornebuck und Berthold Scapmester (Schafmeister) — genannt.

b. Welche Schenkungen es erhielt.

Die Klostergebäude, mit Ausnahme der Kirche, waren unbedeutend und nur in geringer Zahl vorhanden, namentlich sollen Kreuzgang und Schlafhaus sehr beschränkt gewesen sein. Durch mannigfache Zuwendungen gelangte das Kloster bald zu großem Ansehen. Ungeheuer schnell wuchs der Reichtum mancher Klöster. Es gab einige, deren Güter so zahlreich waren, daß man von diesen sprichwörtlich behauptete, ein Mönch, der von ihnen aus nach Rom reisen wolle, könne bis zu den Alpen hin auf eigenem Grund und Boden übernachten. Auch das Kloster Fredelsloh war nicht arm.

Im Jahre 1137 begabte der Erzbischof Adalbert von Mainz das Kloster mit beträchtlichen Gerechtsamen, Ländereien und Zehnten, bestätigte auch zugleich verschiedene Schenkungen. Die Urkunde, am 20. Juni 1137 ausgestellt, lautet übersetzt:

„Im Namen der heiligen und unteilbaren Dreieinigkeit! Ich, Adelbert von Gottes Gnaden, Erzbischof von Mainz und Gesandter des Apostolischen Stuhles, mache bekannt für jetzt und für alle Zeiten:

Wie wir einen gewissen Ort, Fridesele, mitkommen, in unserem Erzbistum gelegen, von all der Verpflichtung, denen er früher nachzukommen verpflichtet war, frei machen und an demselben eine neue Kirche zu Ehren Gottes und seiner glorreichen Mutter und des seligen Märtyrers Blasius*) erbaut, so stationierten wir in derselben die in der Hoffnung auf ewigen Lohn mit Eifer und Mühe unsererseits überallher zusammengebrachten frommen Brüder von der Regel des seligen

---

*) Blasius war Bischof von Sebaste in dem kleinasiatischen Cappadocien, der im Jahre 322 als Märtyrer starb und heilig gesprochen wurde. Er soll im Kerker durch sein Gebet viele Kranke geheilt, auch einen Knaben, dem eine Fischgräte im Halse steckte, vom Tode des Erstickens gerettet haben, weshalb er von den Katholiken als einer der 14 Nothelfer verehrt und namentlich bei schmerzlichen Halsübeln um Hilfe angerufen ward.

Augustins (Kirchenvater im Abendlande, starb 430; Bettel-
Mönchsorden benannte sich nach ihm, dem Luther angehörte)
und gaben es ihnen für immer zum Eigentum, göttlichem
Gehorsam gemäß.

Kraft unseres von Gott uns übertragenen Amtes räumen
wir ihnen daher die Freiheit ein: zu taufen, zu kopulieren,
die Schwachen zu besuchen, die Toten zu begraben, die Messe
zu singen und zu predigen überall, wohin sie in unserem
Bistum kommen; von jedem Suffragan (Weihebischof), bei
welchem sie wollen, Gabe zu fordern; wo es ihnen gefällt,
Büßende in Beichte zu nehmen; als Vogt auszuwählen, welchen
sie wollen, wenn es die Notwendigkeit erfordert. Zur Synode
zu kommen, wenn es ihnen nicht beliebt, sollen sie von niemand
gezwungen werden.

Wir schenkten ihnen auch an bezeichnetem Orte von
unserm Eigentum zwei Mansi d. s. 2 Hufe*) Land, welche
wir dort hatten und alle Zehnten desselben Ortes und was
zu ihm ringsum gehört und die Zehnten in Udelershusen
(vergl. Edelershusen). Wir verleihen auch, damit desto besser
der Gottesdienst wachsen und bestehen könne, die Zehnten von
jedem seinem bewohnten Grundbesitz, welcher in der Nähe oder
weiter abliegt, sowohl in den Feldern wie in den Wäldern,
welches der Nutzen auch sein mag, zudem sie ihn (den Zehnten)
einzutreiben vermögen.

Außerdem gestatten wir allen Adeligen wie Freien, mit
welcherlei Lehen sie auch von uns belehnt sein mögen, ob mit
Äckern oder Vorwerken, oder Zehnten, Müllerei, Wald, Fischerei
oder Weidegerechtsamen oder woraus irgend ein Nutzen zu
ziehen wäre, daß sie die Freiheit haben, den Brüdern, wenn
sie wollen, davon mitzuteilen, und daß die Brüder es ohne
Zurückhaltung annehmen. Wir weihen auch und umschließen
mit dem Bann des allmächtigen Gottes, des seligen Petrus
und Paulus, des heiligen Vaters des Papstes Innocent (II. von
1130—1143) und des unsrigen 6½ Hufen Landes in Sultheim mit den zu ihnen gehörigen Eigentumsrechten, welche
Graf Rudolf von Frankenleben und sein Bruder Hartwich,
mit Zustimmung ihrer Mutter der Gräfin Richarda der vor-

---

*) „Hufe" ist abgeleitet von „Hausen". 3 Hausen Land zu je
10 Morgen nannte man nach der Dreifelderwirtschaft als Ganzes
1 Hufe

benannten Kirche übergeben hat, und 8 1/2 Hufen in Rethersen, welche Diethmar Heldekoth mit Zustimmung seiner Erben geschenkt hat, und ebendort 4 Hufe, die nach demselben Vertrage in Sultheim Heimfried hergegeben und alles, was von Gläubigen Christi hergegeben ist und hergegeben wird, daß sie dauernden und ruhigen Frieden haben und keine da sind, welche sie zu beunruhigen oder zu verwirren wagen.

Damit alles vorher Gesagte bestimmt und unzerreißlich für alle Zeiten bleibe, befehlen wir, daß die gegenwärtige Seite beschrieben wird und durch Aufdrückung unseres Insigels bestätigt werde." (Es folgen die Namen der Zeugen.)

Kaiser Konrad III. (1138—1152) nahm die Propstei in seinen besonderen Schutz und verschrieb im Jahre 1146 derselben die Reichskapelle Grona bei Göttingen mit allen dazu gehörenden Gerechtigkeiten Durch Verschreibung Kaiser Friedrichs II. (1215—1250) ging dieselbe mit 26 Schillingen jährlichen Zinses und der Mühle in Rosdorf jedoch auf das Nonnenkloster über. Die Kapelle ist später verfallen. Von den Einkünften hat Fredelsloh nur noch kurze Zeit den Zehnten bezogen, bis auch diese Zahlungspflicht unterblieb. 1155 bestätigte Erzbischof Arnold von Mainz den Priestern der Brüderschaft nochmals ihre früher erlangten Rechte, auch, daß neben der Propstei „ein Priorat, mit Jungfrauen und unberüchtigten Witwen besetzt, könne gehalten werden." Heinrich von Arnfelde hat im Jahre 1256 dem Jungfrauen-Kloster zu Fredelsheim mehrere Güter, das Gehölz zu Tidingeroda und zwei Hufe Landes, vor Dorringsen (Dörrigsen) gelegen, verschrieben. Heinrich von Arnfelde ist im Jahre 1260 gestorben und in Fredelsheim begraben. Man hat ihm daselbst jährlich drei Memorien, Gedächtnis und Seelenmesse gehalten. Beim Aussterben Derer von Constein fiel ein Teil ihrer Güter an das Kloster Fredelsheim; auch die Herren von Dorringsen (Dörrigsen) erzeigten dem Kloster viel Gutes. Die Corbey'schen Lehnstücke Derer von Ellenhosen sind gleichfalls an das Kloster gekommen. Christian von Ellenhosen, der letzte dieses adeligen Geschlechts, war wegen der Weideberechtigung an der Ilme mit den Einwohnern von Daffel in Uneinigkeit geraten. Der Schäfer der Gemeinde Daffel, der auf dem Ziegenanger hütete und arglos sitzend auf seinem Dudelsack blies, wurde von dem Ritter mit einem Pfeil erschossen, weil er sein Verbot nicht beachtet hatte. Die Strafe blieb dem edlen Herrn nicht aus.

Ein kleiner Knabe, der Augenzeuge der Mordthat gewesen war, erzählte davon in der Stadt. Da rüsteten sich die Frauen mit ihren Holzschuhen, zogen ergrimmt aus der Stadt, ergriffen den Ritter und erschlugen ihn damit. Der Ritter liegt in Fredelsheim begraben, während man den Hirten an der Blutstelle begrub. Ein großer Stein kennzeichnete bald das Grab des guten Hirten. Alljährlich einmal gingen die Dasseler Frauen nach dem Platze und tanzten daselbst. Dies geschieht heute nicht mehr, aber alte Leute wissen noch davon zu sagen. Die Herren von Grube haben dem Kloster Fredelsheim ebenfalls viele Güter zugeeignet und verschrieben, auch daselbst dem Apostel Petrus zu Ehren einen besonderen Altar gebauet, wofür alle Woche zwei Messen gehalten werden mußten. Dethmar von Hoppenhusen hat zur Beförderung des Gottesdienstes reiche Gaben gespendet. Auch die Herren Dietrich und Thiele von Kerstlingerode vermachten dem Kloster mancherlei. Albrecht von Ruma, Burgmann zu Hardegsen, schenkte mit Erlaubnis der Eigentümer das halbe Eberstein'sche Lehngut zu Dörrigsen, die andere Hälfte wurde 1324 verkauft. Auf diese Weise wurde das Kloster so reich, daß es vor dem Dorfe allein 400 Morgen an Ländereien und Wiesen liegen hatte. Die Geber erwarben sich durch ihre Mildthätigkeit das Vorrecht, in der Klosterkirche begraben zu werden.

c. Welcher Schutzherrschaft es unterstand.

Schirmvögte des Klosters waren zu Anfang die Grafen von Dassel, denen auch das Dorf Fredelsloh zustand. Sie hatten die Vogtei des Amtes Moringen (Stadt und 11 Dörfer, darunter auch Fredelsloh) von den Grafen von Lutterberg zu Lehen bekommen. Höchster Schutzherr sollte der deutsche Kaiser sein. Während der kaiserlosen Zeit (1254—1273) ging die Schutzherrschaft auf den jeweiligen Landesherrn über. Im Jahre 1234 verpfändete Graf Adolf II. von Dassel die Advokatie über das Dorf Fridesle und alle davon fallenden Früchte, namentlich auch das Recht der Bede (Abgabe) und Schatzung, an das Kloster. (Scheidt, Urk. 44.) 1250 verpfändeten Heidenricus und Adolf III. von Dassel die Advokatie des Klosters Fridesle mit Zubehör an den Propst und Konvent daselbst für 51 Mk. Im Jahre 1277 gab sie dann Graf Ludolf III. dem Johann von Gladebeck unter der Bedingung zu Erblehen, daß er sie vom Kloster durch Rückzahlung jener Pfandsumme einlöse. Noch in demselben Jahre übertrug der Graf sie wieder auf Gladebecks Bitten mit allem Recht dem Kloster (Fredelsloher Urkunde im Königl. Archiv). Ende des 13. Jahrhunderts soll (nach Havemann) die Vogtei über das Kloster in den Pfandbesitz der Herren von Rostorp und von Hardenberg gekommen sein. Etwa um das Jahr 1300 ging die Hoheit über dasselbe auf das Haus der Welfen über. Obwohl es in das Fürstentum Göttingen gehörte, versprach doch am 2. Januar 1470 auch Herzog Albrecht II. von Grubenhagen, das Kloster bei allen seinen Freiheiten zu lassen und es zu beschützen. Dafür sollten die freien Meier des Klosters in der Ernte auf Verlangen einen Tag Korn auf die Burg Grubenhagen fahren, und die Köter auf des Klosters Gütern in Fredelsloh einen Tag mit den Sicheln schneiden. Zugleich nahmen die geistlichen Jungfrauen den Herzog, seine Vettern, Erben und Eltern in ihre Brüderschaft und Gebete auf und verpflichteten sich, alle Jahre deren Gedächtnis mit Vigilien (Nachtwachen) und Seelenmessen zu begehen, in aller Maße und gleich mit dem Grafen Johann von Dassel.

d. Wie es um den Reliquienkult stand.

Wie in allen Klöstern, so wurde auch in Fredelsloh ein bedeutender Reliquienkult, d. i. eine Verehrung der Heiligenüberbleibsel, getrieben, wodurch es zu einem der berühmtesten Wallfahrtsorte unserer engeren Heimat wurde. An Reliquien sollen vorhanden gewesen sein:

1. Ein Hemd der Jungfrau Maria;
2. einige Kleidungsstücke und Erde vom Grabe Marias;
3. Stöcke von den Hürden aus dem Stalle zu Bethlehem;
4. Steine aus der Wüste, auf welchen Christus gestanden haben soll, als der Versucher an ihn herantrat;
5. Späne von der Säule, an welcher Christus stand, als er von Pilatus gegeißelt wurde;
6. eine Fliege, welche den durch unsern Heiland bekehrten Übelthäter am Kreuze gestochen haben soll;
7. Späne vom Kreuze Christi;
8. etwas vom heiligen Blute Christi;
9. ein Stück des Schweißtuches Christi;
10. Lazarus Hüfte;
11. der Stab Petri;
12. Haare des Evangelisten Johannes.

Diesen Dingen hat man große Ehre erzeiget, die Kniee gebeuget, das Haupt geneiget, die Hüte abgezogen, auf die Erde gefallen, mit gefalteten Händen und großer Andacht geseufzet und gebetet. Doch haben ihrer wenige gewußt, was sie verehrten. Es ist ein großer Zulauf und große Wallfahrt worden, daselbst vielen Gebrechlichen und Kranken zur Gesundheit verholfen, ohne andrer viel unerhört Wunder und Zeichen, die daselbst geschehen sind." Neben den Gottesdiensten wurden auch feierliche Prozessionen veranstaltet, so regelmäßig am St. Blasiustage (3. Febr.). Bei dieser Prozession ging es ganz besonders hoch her. Da jeder daran teilnehmen konnte, wurde die Feier auch von auswärts stark besucht. Unter großem Gepränge bewegte sich dann der Zug mit dem Bilde des heiligen Blasius um Kirche und Kloster und weiter durch die Straßen des Orts. Nach Rückkehr zum Kloster wurden den Teilnehmern sämtliche Kleinodien gezeigt. Ähnlich war es am Palmsonntage und am Fronleichnamsfeste. Große Summen Geldes flossen dann in den Opferstock.

e. Welche Pröpste und Priorissinnen dem Kloster vorgestanden.

Den Klosterabteilungen standen folgende Pröpste und Priorissinnen vor. Die Pröpste hießen:

Hermannus von 1132—1140, durch Erzbischof Adalbert von Mainz eingeführt

Bartramus von 1140—1144, war von den römischen Päpsten Lucio II. und Eugenio III. und von dem Erzbischof Marcello zu Mainz bestätigt.

Eustachius Klingemann von 1144—1168, von dem Erzbischof Henrico Felice zu Mainz bestätigt. Zu seiner Zeit wird auch Johannes von 1146—1151 genannt.

Conradus von 1169—1199; Eckhardus von 1199—1224; Heinricus Grubo von 1225—1238; Conradus von Asche von 1238—1266; Bartoldus von 1266—1279; Conradus von 1279—1298; Fridericus von 1298—1308; Andreas von 1308—1332; Janus von 1332—1362; Johannes von 1362—1402; Tilemannus von 1402—1445; Johannes von 1445—1465; Heinricus von 1465—1483; Conradus von 1483—1503; Tilemannus Wendt von 1503—1523; Johannes Rigenstedt von 1523—1525; Tilemannus

Brungundt von 1525—1533; Heinricus Wils von 1533—1545, war der erste, der eine Ehe einging Heinrich Regenstede, war 1542—1545 Pastor prim. an der St. Martinikirche zu Moringen und 1545—1557 Propst zu Frebelsloh.

An Priorissinnen sind noch bekannt:

Adelheid von Plesse. Sie soll in der Kirche begraben liegen und ihr Grabstein, der heute nicht mehr da ist, die Aufschrift getragen haben: Anno Christi 1132 (?) obiit Adelheit de Plehsa, Fundatrix et prima Priorissa hujus loci. Cujus anima requiescat in pace. (Im Jahre 1132 starb Adelheid von Plesse, die Gründerin und erste Priorissin dieses Ortes. Ihre Seele möge in Frieden ruhen) Die genannte Jahreszahl entspricht nicht unsern Darlegungen, da Frebelsloh erst 1146 als Nonnenkloster erscheint Sowohl der Setzer des Gedenksteines, als auch die späteren Chronisten können sich bei Aufzeichnung der Jahreszahl geirrt haben. Elisabeth von Hevenhausen; Adelheid von Stöckheim von 1154—1190; Becka (Zuname ist unbekannt) von 1190—1218; Kunigunda von Adelevehsen, Tochter Werners III., von 1218—1257; Elika von Arnefeldt von 1257 bis 1279; Helena (Zuname ist unbekannt) von 1279—1308; Sophia (Zuname ist unbekannt) von 1308—1332; Ilse von Asche von 1332—1347; Gertrud von Beseckendorff von 1347—1396; Mathilda von Leude von 1396 bis 1422; Margaretha von Eildogessen von 1422 bis 1442; Vike von Scaghen im Jahre 1430; Elisabeth (Zuname ist unbekannt) von 1442—1472; Anna von Stöckheim von 1472—1521; Eiliche von Atze im Jahre 1475; Adelheid von Hagen von 1521—1531; Margaretha Apengießer von 1531—1551; Hilleburg von Reuden von 1551—1584. Diese ist 104 Jahr alt geworden Katharina Sanders nach 1587.

f. Wie die Antoniten nach Frebelsloh kamen.

1331 kauften sich die Antoniten in die Frebelsheim'sche Brüderschaft ein. (Antoniten waren Einsiedler oder Klausner, die dem ägyptischen Einsiedler Antonius gleich es für das Beste hielten, in der Einsamkeit ein Leben des Gebets und der Entsagung zu führen. Antonius war der Begründer des Mönchtums; er starb im Jahre 356, 105 Jahr alt.) Ein solcher Antonit brachte nach Fredelsloh St Antonii Gebeine und stiftete für dieselben eine besondere Kapelle, die zu Edelershusen bei Fredelsloh am Fuße der Weper kurz vor 1349 auf klösterlichem Grund und Boden erbaut ist. Den Platz ringsum nannte man „St. Antonii Hof". Die Kapelle ward mit einem Klausner besetzt, der den Opfernden den Segen des heiligen Antonius zu spenden hatte. Durch die regelmäßigen Wallfahrten, die die Verehrung der Gebeine des heiligen Antonius hervorriefen, hatte sich sogar ein kirchliches Fest ausgebildet, welches alljährlich am 13. Juni „mit Prozession, Ablaß und Jahrmarkt abgehalten wurde".

g. Wie das Kloster verarmte.

Unter den vielen Fehden, die das Mittelalter brachte, hatte auch das Kloster Fredelsloh zu leiden. Viele von den bisherigen Spendern zogen ihre Hand zurück, sodaß ihm manche Unterstützung ausblieb. Die eifrigsten Bemühungen des Herzogs Erich des Jüngeren (wurde 1508 Bischof von Osnabrück), die verloren gegangenen Einkünfte wieder zu erlangen, fruchteten nicht; die fortschreitende Verarmung war nicht aufzuhalten.

Als 1584 die Priorissin Hilleburg v. Reuden im Alter von 104 Jahren starb, war das Kloster drei Jahre unbesetzt. Es wurde nun einem Dietrich Kannen verpfändet. Herzog Julius von Braunschweig nahm sich des verwaisten Klosters nochmals an, ließ vornehmlich das Schlafhaus ausbauen und verbessern und berief aus dem Kloster Dorstadt a/d. Oker die Schaffnerin Katharina Sanders zur Priorissin. Mit ihr hielten einige Nonnen aus demselben Kloster ihren Einzug in die verödeten Hallen. Die Verarmung des Klosters hatte aber derartige Fortschritte gemacht, daß an eine eigene Wirtschaftsführung nicht zu denken war. Die Speisung der Klosterinsassen mußte vom Schlosse in Moringen und von der Feste Erichsburg aus erfolgen. Herzog Julius löste das Kloster aus dem Pfande, schenkte demselben daneben 2000 Thlr. und alles dasjenige, was ihm sonst schon aus seinen Kassen vorgestreckt war. Aber auch diese Hilfeleistungen waren wie Wasser, auf einen heißen Stein gegossen. Der gänzliche Verfall des Klosters hätte doch bald eintreten müssen, wenn auch nicht die Wendung auf kirchlichem Gebiete ihn beschleunigte. Bald nach Einführung der Reformation, die in Fredelsloh 1542 erfolgte, kam die Säkularisierung (Einziehung) des Klosters. Der Glanz des Kloster- und Einsiedlerlebens mußte im Lichte der Aufklärung erbleichen. Die Mönche traten nach und nach in das bürgerliche Leben zurück. Das Propsteigebäude wurde als Amtsgebäude eingerichtet, und die Verwaltung einem Amtmann übertragen. Damit waren denn die Gebäude der allmählichen Veränderung und schließlich dem Untergange geweiht. Der Moringer Bürgermeister Domeier will Mitte des 18. Jahrhunderts noch Reste von der ehemaligen Behausung der Antoniten, nämlich Grundmauern von der Wohnung und einem Turm, sowie einen ausgemauerten Brunnen gesehen haben. Das heutige Vorwerk Tönnieshof (Toni's- oder Antonii-Hof), dessen Gebäude 1776 aufgeführt sind, hat in seinem Namen die Erinnerung an die Bruderschaft lebendig erhalten.

Wir wollen hier eine Sage einschalten, die das Klosterleben zum Hintergrunde hat und zugleich die Warnung enthält:

h. Beraube die Toten nicht!

Als noch die Überreste von dem alten Nonnenkloster in Fredelsloh standen, war einer Magd von ihrer Herrschaft aufgetragen, eine von den Kammern zu scheuern. Da sie aber das Scheuertuch vergessen hatte, so riß sie von den Kleidungsstücken, die früher die Nonnen getragen hatten und in einem alten Kasten lagen, einen Lappen ab und scheuerte damit. Als sie fertig war, hing sie den Lappen zum Trocknen auf. Wie sie aber in der Nacht darauf zu Bette lag, kam eine schwarze Gestalt auf sie zu, faßte sie bei den Haaren und zog sie mit sich in den Klosterhof, wo sie das Mädchen furchtbar stieß und schlug, sodaß es laut um Hülfe rief. Ein Mann, der eben ins Dorf kam und das Rufen hörte, eilte zu der Stelle, um zu helfen, aber eine weiße Gestalt tanzte fortwährend vor ihm hin und her und wollte ihn nicht in den Klosterhof lassen. Mehrmals nahm er einen Anlauf, um über das Gitter zu springen, aber immer vergebens. Bei dem letzten Versuche sprang ihm die weiße Gestalt auf den Rücken, sodaß die Last ihn besinnungslos zu Boden riß. Das Mädchen fand man am anderen Morgen ohnmächtig in der Kammer, worin es gescheuert hatte, am ganzen Leibe blaue Flecke aufweisend.

Nach einer anderen Darstellung soll das Mädchen den

Anzug einer Nonne aus dem Kasten genommen, ihn ange-
zogen und damit Spott getrieben haben, wofür es nachts von
einer erschienenen Nonne stark geohrfeigt worden wäre. Den
Kasten mit den Kleidern der Nonne soll man nach diesem
Vorfall eingemauert haben, um eine Wiederholung solcher
Dinge zu verhüten. (Vergl. hierzu S. 30.)

V. Die St. Blasius-Kirche zu Fredelsloh.

Sie galt als Hauptteil des Klosters Im romanischen
Stil erbaut, ist dies Gotteshaus noch heute der Stolz des
kleinen Ortes und der Umgegend Der erweiterte Bau fällt,
wie wir gesehen haben, mit der Entwickelung des Klosters
zusammen.

a. Wie die Kirche nach der Fertigstellung aussah.

Die Kirche in Fredelsloh trug nach Letzners Bericht
an der Nordseite die Jahreszahl 1172, wohl das Jahr ihrer
Vollendung; der romanische Baustil der Kirche stimmt wenigstens
mit dieser Zeitangabe überein.

Die Blasiuskirche zu Fredelsloh ist eine dreischiffige un-
gewölbte Pfeilerbasilika mit Querhaus und diesem angefügtem
Chorquadrat nebst halbrunder Apsis (Altarnische), auch je
einer solchen Concha (Altarnische mit Bedachung in Muschel-
form oder Viertelkreisbogenform) an der Ostseite der Kreuzarme. Was Johannes Meyer in seinem Werk: „Die Provinz
Hannover" über Basiliken sagt, will ich zum Verständnis hier
einschieben.

Basiliken (wörtlich: königliche Häuser) hießen in heid-
nischer Zeit die Gerichtshäuser. Sie bestanden in ihrem
Hauptteile aus einem Langhause, dessen gerade Decke von
zwei (in sehr großen Basiliken auch von vier) Reihen Säulen
getragen wurde, und welches durch hochangebrachte Fenster,
welche die Form eines Rechtecks mit darauf gesetzten Halb-
kreisbogen hatten, sein Licht empfing. An dieses Oblongum
schloß sich ein halbkreisförmiger, erhöhter Raum, von dem
Langhause durch ein Gitter (cancelli) getrennt, in welchem
Halbrund (Apsis oder Koncha) die Richter und vor ihnen,
dem Gitter nahe, die Angeklagten saßen. Der Eingang in
das Gerichtshaus führte durch die Vorhalle (das Atrium),
einen meistens viereckigen, von Säulenhallen umgebenen Hof-
raum.

Als im vierten Jahrhundert das Christentum den Sieg über die heidnische Weltmacht davontrug, räumten die Kaiser die Basiliken zum Gottesdienste ein, da die Größenverhältnisse der heidnischen Tempel nicht darauf berechnet waren, das Volk in diese aufzunehmen. An die Stelle des Gerichtsstuhles trat der Altar, hinter welchem, der ganzen Gemeinde sichtbar, der Bischof seinen Platz erhielt. Die Apsis (Halbrund) wurde zum Chore, auf den dort befindlichen Bänken saßen die Presbyter und Diakonen, vor dem Gitter ward das Lesepult angebracht (daher Kanzel). In das Atrium wurden die Büßenden verwiesen.

Bei Neubauten stellte man die Basiliken so, daß die Apsis im Osten lag, und legte bald zwischen diese und das Langhaus ein nach Norden und Süden hinausreichendes Querhaus, wodurch das ganze Gebäude eine Kreuzform erhielt. Zur Vergrößerung des Raumes beschränkte man das Atrium auf eine kleine Vorhalle. Das hier (im Westen) befindliche Hauptportal wurde von einem Turmpaare eingeschlossen. Auch ward, abgesehen von andern Veränderungen, welche der romanische Baustil (so nennt man die Zeit der Basilikenbauten) im Laufe der Jahrhunderte erfuhr, später die flache Decke vielfach durch das Gewölbe ersetzt und die Apsis, — außer welcher man noch Nebenkonchen anbrachte, die indes statt mit drei nur mit einem Fenster versehen waren —, mit einer Kuppel überwölbt. Als Gewölbe wandte man das einfache Tonnengewölbe, dessen Bogen zwei gegenüberliegende Wände verbindet, meistens aber das schon von den Römern erfundene Kreuzgewölbe an, welches entsteht, wenn sich über einem quadratischen Raume zwei Tonnengewölbe von gleicher Scheitelhöhe rechtwinklich kreuzen.

Über die einstige Einrichtung der Kirche zu Fredelsloh schreibt Mithoff in seinen Kunstdenkmalen und Altertümern Bd. II. weiter:

Die Länge der Kirche mit den Türmen beträgt 49,66 m (170 Fuß); die Tiefe ohne den Vorsprung der Kreuzarme 18,69 m (64 Fuß).

An der Westseite erhebt sich ein Turmpaar mit Zwischenbau und einem in dessen Mitte nach Westen halbrund vortretenden Windelstein.

Die Chornische trägt unter der Dachborde ein wirkungsvolles, durch Schrägfries mit Zahnschnittmuster gehobenes Gesims. Unter dem Hauptgesims des Chors und der Kreuzarme, zu welchem Ecklisenen aufsteigen, zieht sich an der Außenseite der Kirche ein kräftiger Rundbogenfries her, dessen Bögen an den unteren Enden lockenförmig ausgehen und durch Köpfe von einander getrennt werden. Einfacher erscheint der Rundbogenfries am Mittelschiff; die Köpfe sind hier weggelassen. Die Wandflächen sind hier, der Arkadeneinteilung entsprechend, durch je sechs halbrund geschlossene Fenster belebt; an den Kreuzarmen und am Chor ist in jeder Wandfläche nur je ein Fenster; bei den Fenstern der Chorapsis ist jedoch die übliche Dreizahl beibehalten. Das mit zwei Säulen geschmückte Rundbogenportal des nördlichen Kreuzarmes wird von einem kräftigen Gesimse eingefaßt, dessen äußerer Rundstab den Halbkreis aber nicht mit umsäumt, sondern ihn in rechtwinkligen Biegungen umgiebt.

Die schwergehaltenen Türme erheben sich auf kräftig gegliedertem, an der Westseite hoch hervortretendem Sockel in fünf Absätzen bis zum Satteldach. In dem obersten Geschosse sieht man eine gekuppelte Schallöffnung, im nächst tiefern zwei solcher Öffnungen mit je einer romanischen, ein Würfelkapitäl (Würfelknauf) zeigenden Teilungssäule. Die übrigen Geschosse haben nur einfache, rundbogige Lichtöffnungen. Der Raum zwischen den Türmen ist fast bis zum dritten Geschoß derselben ausgebaut und außen horizontal abgeschlossen. Der vorhin erwähnte, hier halbrund vortretende, oben zum Teil noch mit einem Fries sich durchkreuzender Halbkreisbögen versehene Wendelstein von 28 Stufen bildet den Zugang sowohl zu einem mit dem Schiff durch drei Rundbogenöffnungen in Verbindung stehenden Raume (Oratorium), als auch zu den Türmen.

b. Wie die Kirche dem Wechsel der Zeiten unterworfen gewesen ist.

Im Jahre 1290 wurde das Gotteshaus durch Feuer beschädigt, wie aus mehreren Ablaßbriefen hervorgeht, welche allen denen, die zu der Wiederherstellung desselben beisteuern, Erlaß ihrer Sünden zusichern. Indes kann die Beschädigung nur das Gebälk und Dachwerk betroffen haben; denn die noch vorhandene Klosterkirche, einst im romanischen Stile erbaut, zeigt diesen auch heute noch und hat nicht den „Übergangsstil" bekommen, der seit dem Jahre 1175 zur Herrschaft kam und schon gotisierende Formen zeigt.

In der zweiten Hälfte des 16. Jahrhunderts war die Kirche „öbe und wüste, ohne Dachung und Fenster und einem Desolat gleich, also daß man nur mit Leibs- und Lebensgefahr ein- und ausgehen konnte".

Im Jahre 1589 verwaltete Johann Maurus von Alfeld das Kloster. Seinen Bemühungen ist es zu verdanken, daß der schöne Kirchenbau unserer Zeit erhalten geblieben ist. Man deckte damals die Türme, hing zwei neue Glocken auf und schaffte eine neue Turmuhr an. Auch wurden Dach und Chor der Kirche erneuert. Im Innern der Kirche wurde ein neuer Bodenbelag beschafft.

Der Chronist Letzner, der im Jahre 1596 seine Dassel'- und Einbeck'sche Chronik herausgab, hat nach seiner eigenen Angabe noch folgende Einrichtung und Ausstattung erkennen können:

„Das Querhaus ist von dem Langhause durch eine Mauer, durch welche zwei Thüren gehen, geschieden. In der Mitte, zwischen den beiden Thüren, stehet ein Altar, über welchem ein eingebauter steinerner Predigtstuhl zu sehen ist. Auf der über dem Altar befindlichen, die Jahreszahl 1481 tragenden Tafel stehen die Worte:

„Der diese Tafel hat gegeben,
Dem gebe Gott das ew'ge Leben"

Vor diesem Altar, fast mitten in der Kirche, hängt ein großer hölzerner Kronleuchter, darauf bei Hochzeiten und an Festtagen 24 Lichter brennen Er ist künstlich gemacht, auch mit vieler Herren und Junkern Wappen in ihren gebührenden Farben geziert, aber durch Regen und Unwetter also verblichen, daß man daran wenig Farbe sehen kann.

Der Jungfrauenchor ist in den einen Arm des Kreuzes zwischen das hohe Chor und das Schlafhaus eingebaut.

An der Nordseite siehet man die Skulptur (Schnitzfigur) Christi, aus großen, gewaltigen Werkstücken gemacht, noch unversehrt.

Nach Mittag hin, der Skulptur Christi gegenüber, steht die Skulptur der ersten Priorissin, Namens Adelheid von Plesse."

Ein seltsames Steingebilde erregte früher in der Kirche zu Fredelsloh ganz besonders die Aufmerksamkeit; es war dies ein Stein, auf dem drei Frauengestalten also ausgehauen waren, daß zwei derselben die dritte führten   Der Volksmund knüpft daran folgende Sage:

Einst — schon viele hundert Jahre sind darüber verflossen — entlud sich über dem Kloster Fredelsloh ein furchtbares Unwetter. Schon zwei Tage zuckten unaufhörlich die Blitze, rollte furchtbar der Donner und gossen wolkenbruchartige Regen hernieder. Und obgleich die frommen Klosterjungfrauen heiße Gebete gen Himmel sandten, so zeigte sich noch immer keine Hoffnung auf ein Weichen des Unwetters. Da — es war am Morgen des dritten Tages — trat plötzlich aus der Reihe der Betenden eine der Nonnen zur Äbtissin, verneigte sich demütig und sprach: „Schon zwei Tage bitten wir um Rettung aus naher Gefahr, und doch ist das Unheil noch immer nicht fern. Wie mir ein Traumgesicht schon zwei Nächte auf einander verkündete, ist auch auf ein Abziehen des Wetters nicht eher zu hoffen, als bis eine aus unserer Mitte vom Blitze erschlagen und also dem Himmel ein Opfer gebracht sein wird. Darum bitte ich: Laßt mich, die niedrigste aller Schwestern, dies Opfer sein. Führt mich hinaus aus den Mauern des Klosters, auf daß wir dem Himmel das Seine spenden." Wenngleich die fromme Äbtissin hiervon nimmer hören wollte, so bat doch die Nonne immer flehender, ja gelobte sogar bei der heiligen Jungfrau, als das Bitten nichts fruchtete, sich dann selbst den Tod zu geben und sich also dem Himmel als Opfer darbringen zu wollen. Da endlich erteilte die Äbtissin der jüngsten Schwester ihre Genehmigung zu dem Vorhaben, aber sie that es nur mit schwerem Herzen; denn sie hielt sie besonders lieb und wert. Feierlich ward die Arme jetzt am Altar dem Himmel geweiht Nachdem dies geschehen, führten zwei der Schwestern sie hinaus in den Klostergarten. Noch waren sie nicht weit gegangen, als auch schon ein Blitzstrahl herniederfuhr und die Auserkorene augenblicklich tötete, während die beiden anderen unversehrt blieben. Noch ehe diese heimgekehrt waren, hatten sich auch schon die Wolken geteilt und verzogen; nach dem grausen Unwetter zeigte sich jetzt das reine, blaue, im hellen Sonnenstrahl herrlich schimmernde Himmelszelt. (Ab. Benecke.)

Im Jahre 1624 brach der Jammer des dreißigjährigen Krieges über die niedersächsischen Kreise herein, auch Fredelsloh hat die rauhen Zeiten kommen und herrschen sehen. Sie haben beim Scheiden deutliche Spuren traurigen Andenkens auch an der Kirche daselbst zurückgelassen. Nachher ist ihr nie so arg wieder mitgespielt.

c. Wie die Kirche heute aussieht.

Im Laufe der Jahrhunderte ist manches in und an der Kirche anders geworden. Von der früheren inneren Pracht und Schönheit hat die Kirche vieles eingebüßt. Alles, was Letzner noch angegeben: der steinerne Predigtstuhl, der vielarmige, prächtig dekorierte Kronleuchter, die beiden Skulpturen sind nicht mehr vorhanden. Die Balkendecken in sämtlichen Räumen zeigen keinerlei Schmuck. Das Pfeilergesims der Hauptapsis enthält ein Zahnschnittmuster. Auf den Vierungspfeilern ruhen einfach profilierte Halbkreisbögen. Das Kapitäl der Pfeiler ist sichtbar, der Sockel dahingegen nicht, ein Beweis, daß der Fußboden früher tiefer gelegen hat. Das Halbkuppelgewölbe der Hauptapsis war eine Zeitlang durch Bretter verschalt, ist aber bei der großen Renovierung der Kirche im Jahre 1891 wieder bloß gelegt; auch sind die Giebel am Chor, an den Kreuzarmen und den Satteldächern der Türme, die in Zeiten der Not dürftig aus Fachwerk aufgeführt waren, bei dieser Gelegenheit wieder massiv hergestellt. Die Umfassungsmauern der beiden Seitenschiffe gehören ebenfalls der neueren Zeit an, was schon an den Fenstern zu erkennen ist, die rechteckig sind, während doch Chor, Mittelschiff und Kreuzarme rund-bogige Fenster zeigen. Das alte Portal, welches die Verbindung des südlichen Kreuzarmes mit dem früheren Klostergebäude vermittelte, ist verloren gegangen; die Concha dieses Armes ist aber wieder ergänzt. Die rundbogigen Arkaden (Bogen= hallen) des Innern sind, um die Seitenschiffe zu wirtschaft= lichen Zwecken verwenden zu können, vermauert, und dadurch die Arkadenpfeiler unseren Blicken entzogen. Die von Letzner angeführte Wand, die Quer- und Langhaus trennte, ist bei dem Ausbau der Kirche im Jahre 1848 in die Mitte des Langhauses gesetzt. Dieser Ausbau wurde unter Leitung des Bauinspektors Fricke von den Mauermeistern Rojahn und Wedemeyer, sowie von den Tischlermeistern Lund, Dörnte und Henze ausgeführt. Allerlei altertümliche Kleidungsstücke, als Herren- und Damenhüte, Wämser aus Sammet, Decken etc. wurden dabei, in einer Lade liegend, aufgefunden. Die Hand= werksgesellen haben diese Gegenstände für wenige Pfennige an den Lumpensammler des Ortes verkauft. Damit dürfte auch

der Schlußsatz der Sage: „Beraube die Toten nicht" eine
Erweiterung erfahren haben.

Die durch Zurücksetzung der Wand abgesonderte Hälfte
des Mittelschiffes dient ebenfalls zur Aufbewahrung von Feld-
früchten. Wenngleich der abermalige Ausbau der Kirche in
den Jahren 1891—94 auch erst die enorme Summe von
14,332 Mark erfordert hat, so hoffen wir doch, daß die ab-
getrennten Räume nach und nach ihrem ursprünglichen Zweck
wieder zurückgegeben werden. In der nördlichen Hälfte der
Hauptapsis sieht man einen Sakramentsschrein in Form einer
gotischen Nische, deren Tympanon (Giebelfeld) von einem
bärtigen Haupte eingenommen wird.

Zwei sehr gut geschnitzte Figuren, darunter St. Nikolaus,
die bislang hinter der Altarwand standen, sind unter Wahrung
des Eigentumsrechtes dem Altertumsmuseum in Göttingen ein-
geliefert. Der jetzigen Scheidewand im Mittelschiff sind be-
merkenswerte plastische Arbeiten eingefügt, nämlich die 65 cm
hohen in Sandstein ausgehauenen Gestalten der heiligen
Zwölfboten, welche in einer Reihe halbrund abgeschlossener
Nischen stehend, einen Fries bilden. Ein alter achteckiger
Taufstein von 1,24 m Durchmesser befindet sich in der Rumpel-
kammer des nördlichen Seitenschiffes. Er ist jetzt ohne Fuß.
An der nach unten bogenförmig eingezogenen, mit äußeren
Füllungen versehenen Schale erkennt man schwach die Brust-
bilder der vier Evangelisten. Ein neuer Taufstein und zwei
neue bronzene Kronleuchter tragen zur inneren Ausschmückung
des Gotteshauses bei. Da der Kirche leider eine Heizungs-
anlage mangelt, müssen die Gottesdienste im Winter in un-
geheizter Kirche abgehalten werden.

Eine Orgel hat die Fredelsloher Kirche im Jahre 1837
bekommen. Der Stellmacher Wilhelm Grote in Fredelsloh,
im Dorfe Franz Groten Wilhelm genannt, war der Erbauer
dieser Orgel. Als Stellmachergeselle war derselbe mehrere
Jahre in der Fremde gewesen und hatte daselbst auch längere
Zeit bei einem Orgelbauer gearbeitet. In die Heimat zurück-
gekehrt, erbaute er eine Orgel, welche auf dem unteren Mannhause (Empore), das vor der Querwand des zugemauerten
Langhauses herlief, aufgestellt wurde. Lehrer Hübener (1837),
welcher nur sechs Wochen in Fredelsloh amtierte, war der
erste Organist und dessen Nachfolger Rehberg. Franz Groten
Wilhelm baute sodann eine etwas größere Orgel. Die kleinere

verkaufte er nach Üffinghausen an die Gutskapelle, wo sie noch heute steht. Die größere Orgel wurde auf dem oberen Mannhause aufgestellt, welches sich an derselben Wand über dem unteren Mannhause befand. 1848 wurde behufs Vergrößerung der Kirche die Scheidewand, welche Quer- und Langhaus trennte, entfernt und in die Mitte des Langhauses verlegt, wo dann auch die beiden Mannhäuser errichtet wurden. Die Grote'sche Orgel bekam ihren Platz wieder auf der oberen Empore. Dieselbe ist immer Eigentum des Erbauers resp der Erben gewesen. Die Gemeinde Fredelsloh zahlte für dieselbe eine jährliche Miete von 18 Mark. Die Einrichtung der Orgel war sehr primitiv. Die Metallpfeifen des Prospekts wurden z. B. durch massive Rundhölzer dargestellt, denen eine pfeifenähnliche Form gegeben war und die mit Silberpapier überklebt waren. Man behalf sich damit bis zum Jahre 1889, in welchem Jahre die Königl. Klosterkammer zu Hannover sich endlich herbeiließ, von der Firma Furtwängler und Hammer in Hannover eine neue Orgel bauen zu lassen, die 5517 Mark gekostet hat. Das zweite Grote'sche Machwerk mußte nun der neuen Orgel, aus fachmännischer Hand hervorgegangen, Platz machen. Sie wurde Pfingsten 1889 in gottesdienstlichen Gebrauch genommen. Sie hat zwei Manuale und 16 klingende Register, dazu Pedal- und Manualkoppel. Unterm 18. Mai 1890 richtete der Kirchenvorstand von Fredelsloh ein Gesuch an die Königliche Klosterkammer zu Hannover dahingehend, die Besoldung des Organisten und des Bälgentreters zu übernehmen; trotzdem die Kirchengemeinde laut Protokoll vom 5. Mai 1883 sich bereit erklärt hatte, die Gelder herzugeben, wenn eine Orgel auf klösterliche Kosten beschafft würde. Da diesem Wunsche nachgekommen war, wies man das Ansinnen, auf diese Aussage zurückgreifend, ab. Am 1. Oktober 1893 stellte die Gemeinde einen Bälgentreter mit 30 Mark Gehalt an. Das Gehalt des Organisten wurde aber erst mit Einführung des Lehrerbesoldungsgesetzes 1897 geregelt.

Im Jahre 1786 hingen in dem einen Turme noch zwei alte Glocken, von denen die größte, laut Umschrift, am 9. November 1291 gegossen war und die andere die Worte: Ave Maria gratia plena (Gegrüßet seist du, gnadenvolle Maria) trug. 1886 befanden sich in dem südlichen Turme zwei Glocken, die beide im Jahre 1863 gegossen waren. Die Inschrift der kleineren lautet: „Gegossen für die Königs=

liche Klosterkammer im Jahre 1863 von G. Isermann in Ebergötzen. Psf. 84, 12: Gott der Herr ist Sonne und Schild, der Herr giebt Gnade und Ehre; er wird kein Gutes mangeln lassen den Frommen." Da die große Glocke im Jahre 1893 gesprungen war, so ließ die Königliche Klosterkammer eine neue gießen und aufhängen. Diese trägt die Inschrift: Jer. 22, 29: „O Land, Land, Land, höre des Herrn Wort". Gegossen von J. J. Radler und Söhne in Hildesheim 1894. Der Umguß hat 1001 Mark gekostet.

Das Kirchensiegel stellt die Mutter Maria sitzend, das Christuskind auf dem rechten Arme tragend, dar. Zu ihren Füßen steht St. Blasius. Die Umschrift lautet: Sigillum Ecclesiae in Fredesle.

d. Welche Prediger an der Blasiuskirche gewirkt haben.

Seit der Reformation haben an der Fredelsloher Kirche zunächst folgende Prediger gewirkt:

Joachim Freudestadius im Jahre 1588.

Engelbert Bertling im Jahre 1599; wurde Prediger an der Neustädter Kirche zu Hannover und starb daselbst am 16. Juli 1609 an der Pest.

Andreas Neidhardt ums Jahr 1607.

Johann Hübener   „   „   1628.

Johann Breithaupt „   „   1630.

Johann Hövener, wurde 1639 abgesetzt.

Von da an bis 1641 war die Pfarre frei.

Franz Vesichius, genannt Wesche, von 1641—1676.

Ernst Lotzius von 1676—1690.

Konrad Heinrich Vollmar im Jahre 1691, starb bald nach seinem Antritt an der Ruhr.

Johann Caspari von 1691—1732, starb am 30. Dezember 1732, 76 Jahre alt, nachdem er unter allen bisherigen Predigern zu Fredelsloh seinem Amte am längsten, nämlich 41 Jahre, vorgestanden.

Heinrich Friedrich Körber von 1733—1749, Sohn des ehemaligen Professors Caspar Körber zu Helmstädt. Er starb am 23. September 1749, 57$\frac{3}{4}$ Jahr alt.

Johann Friedrich König von 1750—1778. Sein Epitaphium steht noch zur Linken des Hauptaltars und trägt folgende Worte:

Denkmal der Gebeine des weil. wohlverdienten Predigers
Herrn Johann Friedrich König.
Er war geboren in Bodenwerder den 24. April 1706.
Als Rektor der Schule zu Pattensen erwählt 1735
Zum Predigtamt hierher berufen 1750. Er entschlief
den 30. Januar 1778, alt 71 Jahre, 9 Monate, 6 Tage.
Und
nun, o Herr, ließest Du Deinen Diener in Frieden fahren,
der Dir anhing, als Vater die Gemeinde liebte, und eine
treue Stütze seines Hauses war. Ja, selig ist der, so im
Herrn stirbt; denn seine Werke folgen ihm nach.

Johann Siegmund Degenhardt. War vorher
5 Jahre Lehrer in Hannover gewesen, starb nach kurzer Amts-
thätigkeit am 13 November 1778 am Schlagfluß

Johann Gabriel Baurmeister, wurde am
3 Oktober 1779 eingeführt, starb 1785.

H Hobein, wurde nach kurzer Vakanz am 22. Januar
1786 eingeführt.

Von den Predigern des 19. Jahrhunderts ist mehr zu
berichten:

Zu Anfang des 19 Jahrhunderts hatte die Pfarrstelle
zu Fredelsloh Pastor Eckmann inne, der bei den alten Leuten
des Dorfes noch in guter Erinnerung lebt.

Nach ihm war Culemann Pastor. Er starb schon
nach 3½ Jahren am 4. März 1833 am Nervenfieber, erst
31 Jahre alt. Seine Witwe starb in Braunschweig am
18. März 1895.

Culemanns Nachfolger hieß Meyer, welcher sich Ende
1842 nach Kloster Medingen im Lüneburgischen versetzen ließ.

Es folgte Pastor Kupfer. Dieser starb nach 9 Jahren
(Neujahr 1852) an der Schwindsucht.

Darnach wurde die Pfarrstelle durch Pastor Willerbing besetzt Derselbe starb am 2. Januar 1862, 48 Jahre
alt. Seine Witwe ist in Hildesheim am 1. Oktober 1894
verstorben.

Nach Willerbing kam Pastor Wrede, der 1872 nach
Freden bei Alfeld kam, wo er 1887 starb.

Dessen Nachfolger ward Pastor Keßler. Über dessen
Leben und Wirksamkeit war Herr Lehrer Brennecke, der wieder-
holt mit Keßler darüber gesprochen hat, so freundlich, mir
Mitteilung zu machen.

Karl Keßler wurde am 1. Januar 1828 zu Wichtringhausen bei Hannover als Sohn des Windmüllers Johann
Christian Keßler geboren. Die Mühle gehörte dem Freiherrn
von Langwerth-Simmern, der zum jungen Keßler Pate wurde
und diesen während seiner späteren Studienzeit auch unterstützte. Von Wichtringhausen verzogen Keßlers Eltern nach
Lachendorf bei Celle, wo der Knabe eine herbe, freudlose
Jugend verlebte. Obwohl Keßlers Eltern völlig mittellos
waren, bewerkstelligte der junge, lernbegierige Keßler es doch,
sich nach seiner Konfirmation weiterbilden zu lassen. Ein
Rektor in Celle brachte ihn unentgeltlich so weit, daß er das
Schullehrerseminar zu Hannover besuchen und Lehrer werden
konnte. Von seiner geringen Besoldung sparte er sich in
einigen Jahren so viel, daß er als Hauptseminarist in das
Seminar zu Hannover eintreten konnte. Nach zwei Jahren
bekam er eine höher dotierte Lehrerstelle. Sein Streben ging
aber noch weiter: er wollte Geistlicher werden. Um das
Maturitätsexamen abzulegen, besuchte er, schon 30 Jahre alt,
noch ein Jahr die Oberprima des Gymnasiums zu Braunschweig. Nach bestandener Prüfung studierte er Theologie zu
Göttingen, Erlangen und Tübingen und wurde nun Pastor
coll. in Almstedt bei Alfeld und darnach (1872) Pastor in
Fredelsloh. Wie immer, so lebte er auch als Pastor äußerst
sparsam und bescheiden. Wein und Spirituosen genoß er
überhaupt nicht. Er lebte vorwiegend vegetarisch und ganz
nach der Gesundheit. Trotzdem stellte sich 1892 bei ihm ein
Magenleiden ein. Zur Heilung desselben begab er sich in die
verschiedensten Naturheilanstalten. Den gewünschten Erfolg
aber brachten sie ihm nicht. 1893 ließ er sich im St. Vinzent-
stift zu Hannover aufnehmen, wo er am 30 Juni 1893 gestorben ist. Seine Erben hat er durch eine Hinterlassenschaft
von circa 45 000 Mark erfreut.

Keßler ist auch schriftstellerisch thätig gewesen. Im Jahre
1891 hat er im Verlage von Carl Meyer-Hannover herausgegeben: „Die christliche Lehre. Ein Hülfsbuch zur Reform des Re-
ligionsunterrichtes; I. Heft". Das zweite Heft, das die Erklärung
des 4. und 5. Hauptstückes bringen sollte, ist meines Wissens
nicht mehr erschienen. Der Verstorbene kannte die Schule
nur zu gut, hatte er doch selber darin gewirkt. War es darum zu verwundern, wenn er derselben ein liebevolles Herz
stets bewahrt hat. In einem seiner Gedichte hat er

3*

die Lehrerarbeit recht gewürdigt. Er sagt von ihr:

„Segen strömet draußen von dem Felde,
Wenn der Landmann es mit Fleiß bebaut,
Aber unberechenbar, mit Gelde
Unbezahlbar ist's, wenn anvertraut
Eine Schule einem guten Lehrer,
Der bekehrt und geistlich wirkt und schafft;
Denn er ist des Gottesreiches Mehrer,
Und sein Wissen höchste Wissenschaft."

Nach Keßler erhielt Pastor A d o l f D r e y e r die Pfarrstelle. Er war zuvor Hilfsprediger in Abenstedt bei Peine
gewesen Von Superintendent Ubbelohde aus Hardegsen wurde
er am 18. Februar 1894 in sein Amt eingeführt. Er ist
der Sohn des verstorbenen Hauptlehrers Dreyer I. zu Hannover,
der den rühmlichst bekannten großen Kinderchor in Hannover
gründete und eine Zeitlang dirigierte. Das musikalische Talent
hat sich auch auf den Sohn übertragen, der durch Gründung
eines Posaunenchors in Fredelsloh sich ein besonderes Verdienst
um die Kirche erworben und in der Gemeinde sich dadurch
noch mehr beliebt gemacht hat.

Das eine Stunde von Fredelsloh entfernt liegende Dorf
Espol ist nach Fredelsloh eingepfarrt. In Fredelsloh kommen
im Durchschnitt jährlich 8 Trauungen, 35 Geburten und 25
Todesfälle vor.

VI. Wie aus dem Klosterhof ein Amtshof wurde.

Unermeßlich reichen Segen stifteten Jahrhunderte lang
die Klöster. Sie bildeten die hauptsächlichsten Heimstätten der
Kultur. Durch die Einwirkung der Klöster begannen Ackerbau
und Kunstfleiß zu blühen. Die Klöster waren die einzigsten
Schulen, aus denen zuerst eine höhere Gelehrsamkeit hervor-
ging. Das Klosterleben blieb nicht immer so. Die Kloster-
zucht lockerte sich. An vielen Orten wurden die Klöster ihrem
ursprünglichen Zweck untreu, sie wurden Stätten des Müßig-
gangs, der geistigen Versumpfung, ja, statt Gotteshäuser zu
bleiben, sogar Quellen eines leichtfertigen, lasterhaften Lebens.
Das dauerte fort, bis mit der Reformation eine neue Zeit
hereinbrach.

Infolge der Reformation gingen die Klöster ein; die
nachfolgenden Kriegsjahre machten ihnen vollends den Garaus,

so daß heute nur noch Ruinen von diesen Pflanzstätten aus vergangenen Tagen zeugen. Die klösterlichen Güter ließ der Landesherr verwalten. Die Verwalter und nachherigen Pächter bekamen meistens den Titel Amtmann. Mit den Erträgen der Klostergüter wurden Kirchen und Schulen unterstützt. Der Klosterfond der Provinz Hannover, d. i. der Ertrag der Klostergüter, dient diesem Zweck auch noch heute; er wird von der Klosterkammer in Hannover verwaltet. 31 Klosteramt- männer, resp. -pächter zu Fredelsloh sind laut Urkunden vom Jahre 1555 bis 1785 noch nachzuweisen. Der erste Pächter im 19. Jahrhundert war v Jülich, er starb im Februar 1843. Ihm folgten die Pächter Griefenhagen von 1844—1854 und Kern von 1854—1871. Im letztgenannten Jahr übernahm ein Herr Löhr das Klostergut. Die Witwe dieses verstorbenen Amtrats Löhr hat es auch heute noch in Pacht.

Die Klostergebäude in Fredelsloh sind vollends ver- schwunden, schon 1752 wurde der jetzige Amtshof aufgeführt.

Die Kirche aber hielt stand. Geschahen die Angriffe auf dieselbe auch noch so häufig und scharf, zerstören konnten sie die von rötlichen Sandsteinquadern aufgeführten Mauern der- selben nicht. Sie trotzten ihnen und widerstanden, wenngleich sich auch die Fugen zuweilen etwas lockerten, mit Zähigkeit Sie ist noch das ursprüngliche, vom Erzbischof Adalbert I. eingeweihte Gebäude. Als eine der ältesten Kirchen der Provinz Hannover und als reine, unvermischte Basilika giebt sie — außen und innen einigermaßen stilgerecht restauriert — noch heute jedem, der sich für altchristliche Architektur interessiert, reiche und verständliche Belehrung.

VII. Die Schule zu Fredelsloh und ihre Lehrer.

Mit dem Kloster war schon früh eine Schule zur Unter- weisung der Jugend verbunden. Bei Einführung des Schul- zwanges zu Anfang des 16. Jahrhunderts wurde sie vom Kloster losgelöst und selbständig gemacht. Schulbesuch, wie Schulverhältnisse waren lange Jahre hindurch kläglich. Erst heute hat man die Freude, fast überall gesunde Schulverhält- nisse zu sehen.

Auf Grund der Kirchenbücher von Fredelsloh läßt sich die Reihe der Fredelsloher Lehrer vom Ende des 17. Jahr- hunderts an ungefähr feststellen. Die älteste diesbezügliche

Eintragung lautet: „1688 ben 29. Oktober ist der Schulmeister Johannes Portz gegen Abend verstorben."

Als Nachfolger tritt Wilhelm Kleinschmidt auf, der ben 7. Mai 1699 in Fredelsloh begraben ist.

Dessen Nachfolger war Heinrich Jakob Cramer, benn: 1700 ben 25. Juli ist dem Schulmeister Heinrich Jakob Cramer ein Sohn getauft.

Im Jahre 1705 finden wir Johann Heinrich Krüger als Lehrer verzeichnet.

Im Jahre 1711 war F. Andreas Rentz (Rentsch) Lehrer in Fredelsloh. Er war als solcher noch 1721 thätig. Ein kleines Taufbecken, welches er der Kirche schenkte, wird noch heute in einem Schranke hinter dem Hauptaltar aufbewahrt.

Vom Jahre 1746 bis 1771 scheint Julius Buschbaum amtiert zu haben. Er starb am 15. April 1771. Bei seiner Beerdigung wurde gepredigt über Spr. Sal. 20, 7: „Ein Gerechter, der in seiner Frömmigkeit wandelt, deß Kindern wird es wohl gehen nach ihm."

Zu Anfang des 19. Jahrhunderts finden wir als Lehrer in Fredelsloh Friedrich Wilhelm Bärner. Er war der Sohn des Lehrers Johann Georg Bärner zu Espol und dessen Gemahlin Dorette Luise Wintzenburg aus Moringen. Schon 1773 ist er in Fredelsloh gewesen, da ihm dort am 29. Aug. eine Tochter geboren wird. Seine Schule war nur ein kleines Gebäude, welches dicht an der Klostermauer in dem kleinen Garten der jetzigen ersten Schulstelle stand. Es erstreckte sich noch über den Weg, der an dem kleinen Garten vorbeiführt. Als die Räume für Schul- und Wohnzwecke später zu klein wurden, — denn er bekam eine zahlreiche Familie — kaufte sich Bärner einen kleinen Ackerhof, der da lag, wo jetzt das sogen. Deputathaus steht, welches zum Klostergute gehört. Er verlegte das Schullokal nun nach seinem eigenen Hause. Friedrich Wilhelm Bärner starb am 27. Mai 1815 an der Brustkrankheit, nachdem er volle 44 Jahre der Schule vorgestanden. Hieraus geht hervor, daß er schon 1771 sein Amt in Fredelsloh angetreten hat. Einer von seinen zwei Söhnen bewirtschaftete den väterlichen Ackerhof, der andere, Heinrich Ludwig Bärner, wurde Lehrer und übernahm nach seines Vaters Tode (1815) die Schulstelle. Zunächst wurde der Unterricht wie vordem in dem väterlichen Hause abgehalten. Als sich jedoch die Gebrüder Bärner verheirateten, bot das Haus für zwei Familien nicht Platz genug. Die Gemeinde mußte sich bequemen, ein neues Schulhaus, die jetzige erste Schule, zu bauen.

Das war etwa im Jahre 1818. Das Schulhaus war damals noch anders eingerichtet als heute. 1868 hat es einen Anbau erhalten. Heinrich Ludwig Bärner starb im Juni 1837 an der Schwindsucht.

Nach ihm wurde die Schulstelle auf sechs Wochen interimistisch von dem Lehrer Hübener verwaltet.

Neu besetzt wurde sie dann durch Lehrer Rehberg aus Diemarden bei Göttingen. Er heiratete seines verstorbenen Vorgängers Tochter und blieb bis Ostern 1846 am Orte. Von hier ließ er sich zunächst nach Hardegsen und dann nach Rosdorf bei Göttingen versetzen. Wegen Harthörigkeit mußte er sich hier pensionieren lassen.

Von Ostern 1846 bis Michaelis 1858 hatte Lehrer Adolf Kracke die Schulstelle inne. Zu seiner Zeit (1854) wurde die zweite Schulstelle eingerichtet.

Am 10. Oktober 1858 wurde Heinrich Nolte als Lehrer eingeführt. Er starb als Junggesell in Fredelsloh 1879 an der Wassersucht.

Nach kurzer Vakanzzeit wurde die Stelle am 2. November 1879 wieder besetzt durch Lehrer Adolf Geffers, der hier sechs Jahre blieb und heute Lehrer in Odagsen bei Einbeck ist.

Michaelis 1886 wurde dem Lehrer Louis Brennecke die erste Schulstelle übertragen. Sich allgemeiner Liebe und Achtung in der Gemeinde erfreuend, steht er der Schule noch vor.

Die zweite Schulstelle zu Fredelsloh haben der Reihe nach inne gehabt die

Lehrer Burgdorf, von 1854 ab;

Otto Meinecke, von Michaelis 1878 bis Ostern 1886, dann in Hevensen;

Heinrich Ehlers, von Ostern 1886 bis Michaelis 1890, dann in Döhren b. Hannover;

Wilhelm Lehnhoff, von Michaelis 1890 bis Mich. 1896, dann in Dortmund.

Ernst Viktor Bunzendahl, von Michaelis 1896 ab jetziger Inhaber der Stelle. Derselbe gab die Dichtungen heraus: „Dramatische Handlungen" und „Auf dem Erntegang".

VIII. Handel, Industrie und Gewerbe.

Vorwiegend wird in Frebelsloh Ackerbau getrieben. In den letzten Jahren haben auch Handel und Industrie erfreulich sich entwickelt. Der nahe Wald gewährt den in ihren Lebensansprüchen bescheidenen Einwohnern genügend Beschäftigung und Unterhalt. Die ausgedehnten Forsten bieten Baumstämme, manchmal wahre Baumriesen, die in den Sägemühlen verarbeitet werden.

Die Steinbrecher.

Die Steinhauergilde scheint sich später gebildet zu haben, als die damalige in der Gemeinde existierende Töpfergilde, wie aus dem vom Landdrosten von Münchhausen unterm 13. Juli 1769 ausgefertigten und von der Landesregierung zu Hannover bestätigten Gildebrief hervorgeht. Die Steinhauergilde besaß keine Schulden und kein Vermögen, jedoch das Recht, die zu ihrer Arbeit tauglichen Steine in der Gemeindehölzung zu brechen. Ein Rechnungsbuch wurde daher nie geführt, wohl aber ein Einschreibebuch, in welches die Namen der Gildemitglieder, der Gesellen und Lehrlinge eingezeichnet wurden. Neben diesem hatten sie auch ein Strafbuch, in welches sie peinlich genau die Namen derjenigen eintrugen, die Gildefehler begingen und bei Zusammenkünften sich unartig betrugen. In der Johannisversammlung wurden unter Beisein des Dorfschulzen die Lehrburschen losgesprochen und andere Gildeangelegenheiten verabredet, wobei dann die Strafgelder mit zur Verzehrung verwandt wurden. Alle Akten wurden in einer verschließbaren Lade wohl verwahrt. Dem Obersten der Gilde, dem „Altmeister", stand ein „Jungmeister" helfend zur Seite. Beiden waren die übrigen Gildemitglieder unbedingten Gehorsam schuldig. Zu Napoleons Zeit wurde die Gilde aufgelöst und damit ihr Recht hinfällig. Ende April 1809 kamen Altmeister Dietrich Wilhelm Fischer und Jungmeister Philipp Schormann mit der Bitte ein, ihnen den Zusammenschluß zur Gilde wieder zu gestatten und auch die gehabten Gerechtsame zu gewähren, was aber abgeschlagen wurde.

Am beträchtlichsten von allen Gewerben ist

Das Töpfergewerbe.

Es bestand in Frebelsloh schon früh und bildet auch heute noch die Haupterwerbsquelle für viele Bewohner. Die

erste Thongrube ward unweit Fredelsloh durch einen Pilger
entdeckt. Sie enthielt ein vortreffliches Material für die
Töpferarbeiten. Infolgedessen ließen sich Töpfermeister aus
mehreren andern Ortschaften im Dorfe nieder, die diese
Industrie emporbrachten und dem Orte dadurch große Ein-
nahmen verschafften. Im Mittelalter, der Blütezeit der Zünfte
und Gilden, hatte sich auch eine Töpfergilde gebildet, deren
Satzungen von dem damaligen Landesherrn, dem Herzog Otto
von Braunschweig, Bestätigung erhalten hatten. Zu Pfingsten
jeden Jahres fand eine Versammlung statt, in welcher die
Jahresabschlüsse gemacht, die Lehrburschen losgesprochen und
andere Gildeangelegenheiten erledigt wurden. Jedes Schrift-
stück wurde mit einem eigenen Gildesiegel beglaubigt. Für
Fehlen in einer Versammlung oder unartiges Betragen bei
Zusammenkünften wurden Strafgelder verhängt, die meistens
von den Gildemitgliedern in der Pfingstversammlung verzehrt
wurden. Reichte das Geld für das Gelage nicht aus, so
mußte jeder zum fehlenden Betrage seinen Teil zuzahlen, andern-
falls wurde das Geld als Almosen für Wanderburschen und
verarmte Töpfer hergegeben. Schon Herzog Erich hat der
Gilde im Jahre 1579 das Recht verliehen, Töpfererde in der
Fredelsloher Feldmark graben, wie auch das abständige Topp-
und Pollholz aus der herrschaftlichen Interessenforst, Dicklinge
genannt, unentgeltlich verwenden zu dürfen. Bei Errichtung
des Königreichs Westfalen 1807 wurden sämtliche Gilden auf-
gehoben und aller ihrer Rechte und Privilegien beraubt. Aber
schon am 3. Mai 1809 kamen die Vorsteher der Töpfergilde —
es waren Altmeister Ehrich Paland, Töpfermeister Justus
Friedrich Baumann, Nebenmeister Georg Behrens und Jungmeister Georg Paland — mit dem Wunsche ein, „daß, wenn auch
ihre bisherige Gildeverfassung aufhören sollte, ihnen dennoch
erlaubt sein möchte, eine geschlossene Sozietät ferner auszu-
machen, damit sich nicht fremde Subjekte in ihr Handwerk
einschlichen, was ihnen allein kaum den Unterhalt verschaffe.“
Im Januar des Jahres 1814 — nach Wiedereinführung der
hannoverschen Verfassung — reichten sie wiederum die Bitte
um Konstituierung ein. Aber eine richtige Gilde im eigent-
lichen Sinne hat es seitdem nicht wieder gegeben. Man stellte
schon früher irdene Töpfe aller Art her, auch Ofenkacheln,
anfangs in grüner, später in gelber Farbe. Im 16. Jahrhundert soll ein Meister, Namens Liborius, zierliche und statt-

liche Öfen sogar in blauer Eisenfarbe angefertigt haben, die
aber wenig Absatz fanden, vielleicht, weil sie zu teuer waren.
Es ist schade, daß der Versuch der Einführung des keramischen
Kunsthandwerks in Fredelsloh mißlungen ist. Die Töpferei
nahm immer mehr zu und hat dem Orte im Laufe der Jahrhunderte seinen heutigen Charakter verliehen. Das Töpferei-
gewerbe von heute beschränkt sich auf die Herstellung von
Ziegelsteinen, Drainageröhren, Blumentöpfen und irdenem
Hausgerät, wovon die meisten Erzeugnisse, da der direkte Eisen-
bahnanschluß fehlt, in der nächsten Umgebung bleiben, und
nur das irdene Hausgerät auch auf weitere Entfernung hin
verschickt wird. Der Töpfer ziert seine Erzeugnisse vielfach
mit schönen Sprüchen. Meist in heller Schrift schimmern die
Lebensregeln aus dem dunklen Grunde der Schale uns entgegen.
In Glaubenssachen rufen sie uns u. A. zu:

> Alles vergeht,
> Gottes Liebe besteht!

> Im Takte fest, im Tone rein
> Soll unser Thun und Sinnen sein.

> Mit Gott und mit der Zeit
> Verricht' ich meine Arbeit.

> Lieber Land und Sand verloren,
> Als einen falschen Eid geschworen.

> Ohne Gottes Gunst
> Ist unser Thun umsonst.

> Gott muß es schicken,
> Wenn es soll glücken.

Zur Thätigkeit halten an:

> Die Morgenstund' hat Gold im Mund',
> Wer die versäumt, der geht zu Grund.

> Wer weit will geh'n,
> Muß früh aufsteh'n.

> Arbeite treu und glaube fest,
> Daß Faulheit ärger ist als Pest.

> Zerbräche die Magd keine Töpfe,
> Was würde aus dem Töpferstand?
> Arbeiten doch Gottes Geschöpfe
> Einander geschickt in die Hand.   (Rückert.)

> Jeder Arbeiter ist seines Lohnes wert

Vom Essen und Trinken sprechen und vielfach praktische
Tischvorschriften und diätetische Leibesregeln enthalten:

> Unser täglich Brot gieb uns heute.

> Zum Essen und zum Trinken
> Laß ich nicht lange winken.

Füll auf, iß auf,
Das ist der beste Lebenslauf.

Wer seinen Leib will tüchtig laben,
Muß dieser Näpfe viere haben

Kann es wohl was Schön'res geben,
Als 'nen guten Schnaps im Leben:
Kirsch und Kümmel, Minze, Rum,
Wer das nicht mag, ist wahrlich dumm.

Mein Kind, iß deine Suppe bald,
Gesünder ist sie warm als kalt.

Daß Mäßigung und weise Sparsamkeit in allen Dingen
gut thut, raten:

Junges Blut, spar dein Gut,
Armut im Alter wehe thut

Ein jeder strecke
Sich nach der Decke.

Alle Morgen Branntewein,
Macht die großen Thaler klein.

Es spielen sich eher zehn arm, als einer reich.

Tanzen, Kartenspiel und Wein
Reißen oftmals Häuser ein.

Die Kart' und die Kanne
Macht zum armen Manne.

Ein Mann ohne Geld
Ist halb tot in der Welt.

Auf Liebesfreud und Liebesweh beziehen sich die Verse:

Wenn das Mädchen spinnen kann,
Fängt es auch das Lieben an

Alle Mädchen auf der Erden
Wollen gerne Frauen werden.

Ist die Mutter gut von Sitten,
Magst du um die Tochter bitten.

Schönheit kann die Augen füllen,
Aber nicht den Hunger stillen.

Weiber, wenn sie waschen und backen,
Haben den Teufel im Nacken.

Da ist eine große Pein,
Wo die Weiber Meister sein.

Der „Wehestand" findet Erwähnung durch die Sprüche:

Ein Stock vom weißen Dorn
Ist gut für Weiberzorn.

Der Mann ist thöricht, ja verrückt,
Der selber seine Hose flickt

Wenn dem Bauern Frauen sterben,
Ist's für ihn noch kein Verderben;
Wenn die Pferde ihm verrecken,
Ist's fürwahr ein großer Schrecken.

Meine Frau heißt Lisabeth,
Ich wollt', daß ich 'ne and're hätt'

Lieber will ich ledig leben,
Als der Frau die Hose geben

Glück und Zufriedenheit streut der Töpfer den Abnehmern seiner Ware auf den Lebenspfad, indem er schreibt:

In der Still' und in der Ruh'
Bringe deine Tage zu.

Gleich der Sonne hellem Blick
Umstrahle dich stets reines Glück

Ohne Sorge, ohne Plage
Erlebe viele frohe Tage.

Rosen blühen viel auf Erden,
Aber ohne Dornen nicht;
Mädchen, willst du glücklich werden,
Vergiß Gott und die Tugend nicht.

Hin geht die Zeit, her kommt der Tod;
O Mensch, thu' recht und fürchte Gott

Kaiser, König, Arm und Reich,
Vor Gottes Thron sind alle gleich

Im Himmel ist noch Platz
Für mich und meinen Schatz.

Das Einbrennen der Sentenzen — das mit dem sogenannten „Malhorn" gemacht wird — hat in heutiger Zeit etwas nachgelassen, was nur zu bedauern ist; sind die Inschriften doch ständige, wenn auch nur stille Mahner zu einem gottwohlgefälligen Leben.

IX. Schilderung der Umgebung.

Wir verlassen das Dorf und besteigen den Hainberg, der seinen Namen wohl von der altheidnischen Opferstätte behalten hat. Wo früher heilige Andacht waltete, herrscht jetzt zuweilen lauter Jubel und ausgelassene Herzensfröhlichkeit, wenn der Fiedelbogen streicht und die Klarinette erklingt, wenn jung und alt zum Takte der Musik das Tanzbein schwingt. Wundervoll ist das Landschaftsbild, das sich von hier oben entrollt. Über das friedliche Dorf und das stille Espoldethal hinweg fliegt der Blick, auf dem wohlthuenden Grün der Wälder und Höhen in der Ferne sich ausruhend. Mit Eichendorff kann man hier sprechen:

> „O Lust, vom Berg zu schauen,
> weit über Wald und Strom,
> hoch über sich den blauen,
> tiefklaren Himmelsdom
>
> Vom Berge Vöglein fliegen
> und Wolken so geschwind,
> Gedanken überfliegen
> Die Vögel und den Wind.

Wir schreiten weiter und gelangen in die feierlichen Hallen des grünen Waldes. Die zu Fredelsloh gehörenden Forsthäuser haben alle eine idyllische Lage. Inmitten von Tannenduft und Waldesruhe, umgeben von quellendurchrauschten saftigen Bergwiesen sind sie angenehme Erholungsplätze.

Linker Hand des Wegs nach Forsthaus Grimmerfeld steht eine mächtige Buche, „Königsbuche" genannt. Sie hat $^5/_4$ m im Durchmesser und ist von 3 Mann zu umspannen. Der unmittelbar zu ihr hinführende Weg, der durch 80jährigen Buchenbestand läuft, heißt „Königsstieg". Königsbuche und Königsstieg verdanken ihre Namen dem früheren hannoverschen Könige Ernst August. Von seinem Jagdschlosse Rotenkirchen aus besuchte er häufig den Sollinger Wald und ging dem edlen Waidwerk nach. Auf dem Anstande bei der Königsbuche soll er manches Mal 15—18 Stück Schwarzwild zur Strecke gebracht haben.

Wenn der Abendsonne letzte Strahlen den Himmel röten, wenn die Bergesspitzen wie im Opferdampfe rauchen und alles zur Ruhe sich anschickt, dann auf diesen Höhen zu weilen, ist von tiefem Zauber, da wird alles wach, was Geschichte und Sage kennt.

X. Sagen von Fredelsloh.

Das Gelände um Fredelsloh: der grüne Buchenwald, der dunkle Fichtenbestand, die Berge, die zum Himmel ragen, die Klüfte, die uns entgegengähnen, die moosbefranzten, von Farnkräutern und Pflanzenwerk bekleideten Steinwände, es umschließt eine Welt, die romantisch genug und recht dazu angethan ist, Sagen, Schauermären und Gespenstergeschichten auftauchen zu lassen. So erzählt man sich folgende:

1. Die Zwerge und der Schatz.

Ein Holzhauer arbeitete eines Sommers in dem nahen Walde. Als die Mittagssonne heiß schien, gönnte er sich eine Pause, um sein Mittagsbrot einzunehmen und sich ein wenig auszuruhen. Er suchte sich ein schattiges Plätzchen neben seiner lichten Arbeitsstätte. Kaum hatte er sich ins Gras gesetzt und sein Taschentuch, worin sein Mittagsbrot eingewickelt war, auf dem Erdboden ausgebreitet, da kam züngelnd eine Schlange auf ihn zu. In seiner Angst griff er nach seinem roten Taschentuche, um sie damit abzuwehren. Diese Farbe konnte sie scheinbar nicht leiden; denn sie machte Halt Nun sah er auf ihrem Kopf etwas glitzern; es war eine kleine goldene Krone, die sie ihm schüttelnd vor die Füße warf und dann unter dem Laube verschwand. Vorsichtig wickelte er sie nach dem Essen in das Tuch und nahm sie abends mit nach Haus. Bald verbreitete sich die Wundermär im Dorfe. Alte Leute wollten wissen, daß an der Stelle, wo er die Schlangen= königin gesehen, ein Schatz zu finden wäre. Abends zwischen 11 und 12 Uhr ging er mit der Krone wieder nach dem Orte, wo er mittags geruht hatte. Mit dem Glockenschlage 12 zeigte sich ein Zwerg, der ihn aufforderte, mit in den Berg zu kommen. Der Holzhauer folgte. Der Zwerg pflückte sich eine Blume, worauf sich alsbald der Berg aufthat. Nun gingen beide hinein Alles erstrahlte in Glanz und Pracht. In dem Berge waren noch viele, viele Zwerge. Nach freund= licher Bewirtung entließ ihn der Zwerg reich beschenkt wieder, indem er ihm noch erzählte, daß nur e i n e r in jedem Jahr= zehnt durch das Begegnen der von ihnen geschickten Schlangen= königin und das Finden der Krone reich und glücklich ge= macht würde, er solle aber niemanden von seinem Aufenthalt in dem Berge erzählen, wenn anders er nicht Schaden haben wollte Darauf führte ihn der Zwerg hinaus. Nun hatte der Holzhacker auch ohne Arbeit genug zu einem vergnügten Leben. Wochenlang ging es gut. Die Leute aber drangen mit Ungestüm in ihn. Da offenbarte er seiner Frau den Vorgang und — verschwunden war der Schatz Nun mußte er sich wieder als Holzhauer quälen, wie vordem. Wahr bleibt's immer: „Reden ist Silber, Schweigen ist Gold".

In den Stapelberg bei Fredelsloh führt ein mehrere Fuß breiter, mannshoher, natürlicher Erdgang, der sich auch noch unter einer Strecke Landes hinzieht. In diesem Gange sollen ehedem Zwerge gewohnt haben.

2. Die Gespenstertiere.

Ein Waldwächter aus Fredelsloh stand nachts am Saume des Waldes. Zwischen 11 und 12 Uhr hörte er im Walde ein Sausen in den Lüften, dazu Hundegebell und Pferdegetrappel. Das dauerte eine Weile, dann ward alles wieder still. Schon glaubte er nichts mehr befürchten zu dürfen, als auf einmal eine wilde Sau von nie gesehener Größe und ein großer Eber wütend dahergerannt kamen. In seiner Angst kletterte er auf einen Baum, die wilden Schweine aber, welche ihn bemerkt hatten, kamen zu dem Baume und fingen an, diesen umzuwühlen. Schon waren sie bis auf die Wurzeln gekommen, da schlug es im Dorfe zwölf. Sofort stellten die borstigen Gespenstertiere ihr Wühlen ein und verschwanden. Ungefährdet konnte der Mann nun wieder vom Baume heruntersteigen.

3. Der graue Mann.*)

Bei Fredelsloh auf der Weper geht ein grauer Mann um. Man sagt es sei ein Amtmann. Er trägt einen grauen Hut auf dem Kopfe und einen grauen Mantel um seine Schultern. Freundlich gesellt er sich den hier Wandernden zu Unter den spannendsten Erzählungen begleitet er sie und sucht sie dabei vom richtigen Wege abzulenken; denn die Leute zu verführen, d. h. auf falsche Wege zu bringen, thut er mit Vorliebe. Nach gelungenem Plan höhnt er sich noch über die Irregeleiteten und verschwindet, wenn sie schimpfen und handgreiflich werden wollen, urplötzlich im Gebüsch. Er ist bei jedermann verhaßt und sehr gefürchtet. Auch in dem nahen Junkernholz will man ihn schon häufig gesehen haben.

4. Die schlauen Nonnen.

Südlich von Fredelsloh liegt der Strahlenkamp, ein schöner Eichenwald. Der Grund und Boden soll ursprünglich

---

*) Nach dem Volksglauben sind die „grauen Männchen" die Geister derjenigen Abgeschiedenen, die zu Lebzeiten Übels gethan oder deren Schandthaten vor dem Tode nicht bekannt geworden sind. Auch rechnet man sie zu den „Schwarzelben", den Zwergen.

dem Kloster Üffinghausen gehört haben; das Nonnenkloster zu Fredelsloh aber hatte ihn gepachtet. Die Pachtzeit war abgelaufen, und die Nonnen in Fredelsloh sollten das Land zurückgeben. Diese wünschten, es zu behalten und baten deshalb, man möchte es ihnen nur so lange lassen, bis dasjenige, was sie darauf säen würden, Früchte trüge. Die Mönche in Üffinghausen waren es zufrieden. Die Fredelsloher Nonnen säeten aber . . . Eicheln darauf. Daraus ist dann der schöne Eichenwald geworden, der heutige Strahlenkamp und auf diese Weise ist er an das Kloster Fredelsloh gekommen.

XI. Schlußwort.

Außer Fredelsloh begegnet man im Solling noch manch schönen Punkten, die des Besuchs und Aufenthalts wert sind. Der jüngst herausgegebene Solling-Prospekt führt dieselben in Bildern mit kurzen Notizen vor. Stundenlang kann man im Sollinge wandern und höchstens ein Förster oder Waldarbeiter kreuzt unseren Weg; selten schlägt ein Gruß an unser Ohr. Hier können Leib und Seele gesunden. Ja, wer nur einmal auf diesen Waldwegen gewandelt, wer nur einige Tage sich in diesen idyllischen Thälern gelabt hat, der wird sich gern und häufig wieder zurücksehnen nach dem Solling. Seine Bewohner laden zum Besuch ein mit den Worten des Dichters Voß:

„Ihr Städter, sucht ihr Freude, so kommt aufs Land heraus!
Seht, Garten, Wald und Weide umgrünen jedes Haus.
Kein reicher Mann verbauet uns Mond- und Sonnenschein,
Und abends überschauet man alle Sternelein.
Wir seh'n, wie Gott den Segen aus milden Händen streut,
Wie Sonnenschein und Regen uns Wald und Flur erneut.
Uns blühn des Gartens Bäume, uns wallt das grüne Feld,
Uns singen in dem Haine die Vögel ohne Geld.
Die rasche Arbeit würzet dem Landmann seine Kost,
Und heitre Freude kürzet die Müh' in Hitz' und Frost.
Ja, wollt ihr Freude schauen, so wallet Hand in Hand,
Ihr Herren und ihr Frauen und kommt heraus aufs Land!"

Oswald Schmidt, Leipzig

Verlag von **Bernhard Franke** in **Leipzig.**

Geschichte

südhannoverscher Burgen und Klöster.

I Heft: Geschichte der Burg Hardenberg von Theodor Eckart Preis 1 Mark.

II „ Burg Scharzfeld in Geschichte und Sage von Theodor Eckart Preis 50 Pf

III „ Geschichte der Stadt und Burg Hardegsen von Theodor Eckart. Preis 1 Mark

IV. „ Geschichte des Klosters Marienstein von Theodor Eckart Preis 1 Mark

V „ Geschichte des Fleckens und der Burg Adelebsen von Rudolf Eckart Preis 1 25 Mark

VI „ Geschichte des Fleckens und der Burg Salzderhelden von Rudolf Eckart Preis 60 Pf

VII „ Geschichte der Burg Plesse von Lic theol Fr W Cuno. Preis 1 Mark

VIII „ Geschichte des Klosters Hoeckelheim von Lic theol Fr W Cuno Preis 75 Pf

IX „ Geschichte der Burg Grubenhagen von K Scheibe Preis 50 Pf.

Die Sammlung wird fortgesetzt.

Ferner erschien:

Geschichte

der

Burgen und Klöster des Harzes.

I Heft: Geschichte des Klosters Walkenried von P. Lemcke Preis 1 50 Mark.

II. „ Geschichte der Burg Hohnstein von Karl Meyer Preis 1 Mark

III „ Geschichte des Klosters Ilfeld von Karl Meyer Preis 1.50 Mark

IV. „ Geschichte der Burg Questenberg von Karl Meyer Preis 75 Pf

V. „ Geschichte des Klosters Michaelstein von A. Geyer Preis 1.20 Mark

Die Sammlung wird fortgesetzt.

Oswald Schmidt, Leipzig

Weiterführende, neuere Literaturhinweise
als Ergänzung in der Reprint-Ausgabe 2005
von Karl Scheibe "Fredelsloh", Leipzig 1899.

Zu Kapitel I
"Die Erklärung des Namens" Fredelsloh:
- Wolfgang Kramer, Artikel "Fredelsloh"
  in: "Gedenkschrift für Heinrich Wesche",
  herausgegeben von W. Kramer, U. Scheuer-
  mann und D. Stellmacher, Neumünster 1979,
  S. 127-141.

Zu Kapitel II
"Die Geschichte des Dasseler Grafengeschlechts":
- Nathalie Kruppa, Die Grafen von Dassel,
  Bielefeld 2002.

Zu Kapitel IV
"Die Entwicklungsgeschichte des Klosters":
- Horst Gramatzki,
  Das Stift Fredelsloh von der Gründung bis
  zum Erlöschen seines Konvents.
  Historische und baugeschichtliche
  Untersuchungen, Erstauflage Einbeck 1972.
  Ergänzte Neuauflage Dassel-Fredelsloh 2001.
- Manfred Hamann,
  Urkundenbuch des Stifts Fredelsloh,
  Hildesheim 1983.

- Hans Goetting,
"Hilwartshausen und Fredelsloh.
Zwei Stützpunkte staufischer Politik
an der Oberweser im 12. Jahrhundert",
in: Archiv für Diplomatik, Schriftgeschichte,
Siegel- und Wappenkunde (begründet durch
Edmund E. Stengel, herausgegeben von
Walter Heinemeyer, 34. Band, Böhlau Verlag,
Köln und Wien 1988)
- Fritz Both, 850 Jahre Fredelsloh. Chronik.
Herausgegeben von Ortsbürgermeister
Walter Henne junior und dem Ortsrat
Fredelsloh, Fredelsloh 1982.
- Fritz Both, Die Grundbesitz- und
Vermögensverhältnisse des Stifts Fredelsloh
von 1132 - 1700. Eine Darstellung.
Maschinenschriftliche Ausarbeitung im
Selbstverlag, einsehbar u.a. in der Bibliothek
des Landeskirchenamtes Hannover.

Zu Kapitel VIII "Handel, Industrie und Gewerbe":
- Birgitt Röttger-Rössler und Elfriede Hermann
(Hg.), Fredelsloher Arbeitswelten.
Handwerkliche Betriebe im dörflichen
Umfeld, Beiträge zur Volkskunde in
Niedersachsen, Band 16, Göttingen 1998.

- Wolfgang Schäfer, Die Fabrik auf dem Dorf. Studien zum betrieblichen Sozialverhalten ländlicher Industriearbeiter, Göttingen 1991.
- Gerald Könecke, Sinneswahrnehmungen in volkskundlich-historisch orientierten Ausstellungen. Eine Untersuchung über deren Förderungsmöglichkeiten am Beispiel industrieller Gebrauchskeramik der Jahre 1946-1986, Göttinger Beiträge zur Volkskunde, Band 1, Göttingen 1999.

Zu den Töpfersprüchen und Töpferliedern
(im Kapitel VIII bei Karl Scheibe):
- Hans-Werner Wolf, Fredelsloh. Das alte Töpferdorf mit der romanischen Klosterkirche, Heimatkundliche Schriftenreihe für Südhannover, Band 1, Göttingen 1974.
- Erlebte Heimat. Überlieferungen bäuerlichen Volksgutes im Kreise Northeim, Folge 7, herausgegeben von der Kreisbildstelle Northeim, Northeim 1965.

- Hanshenderk Solljer, Mägdealltag und Mädchenträume. Engelchristine: Jugenderinnerungen aus einem Sollingdorf. Mit einem Nachwort von Ira Spieker und Wolfgang Schäfer. Herausgegeben vom Geschichts- und Heimatverein Töpferdorf Fredelsloh e.V., Verlag Jörg Mitzkat, Holzminden 2000.
- Hanshenderk Solljer, Eigen Herd und eigen Stert. Engelchristine: Lebenserinnerungen einer Landfrau im Solling, Band 2. Verlag Jörg Mitzkat, Holzminden 2004.

Impressum

Geschichts- und Heimatverein
Töpferdorf Fredelsloh e.V. (Herausgeber),
Karl Scheibe, Geschichte des Klosters Fredelsloh,
Ergänzter Reprint, Fredelsloh 2005,
Erstauflage Leipzig 1899.
Herstellung und Verlag:
Books on Demand GmbH, Norderstedt
Idee und Gestaltung: Arno Schelle

ISBN 3-8334-4181-X

Bitte kopieren und weiterreichen !

Beitrittserklärung: Wir freuen uns über jedes neue aktive und passive Mitglied !

Hiermit erkläre ich meinen BEITRITT zum Geschichts- und Heimatverein Töpferdorf Fredelsloh e.V..

Name,Vorname..

Anschrift: ....

....

Telefonnummer ....

....

(Ort)   (Datum)

....

(Unterschrift)

Mitgliedsbeiträge: *Gewünschtes bitte ankreuzen*!
- ■ für Einzelpersonen pro Jahr 18,-- Euro ( )
- ■ für die Familie   pro Jahr 30,-- Euro ( )
- ■ für Firmen / Institutionen   50,-- Euro ( )

Vereinsadresse: Geschichts- und Heimatverein
                    Töpferdorf Fredelsloh e.V.
c/o Töpferei Klett, Kampweg 2, 37186 Fredelsloh